Joachim Conrad · Rainer Knauf · Günter Scharwath

St. Martin zu Kölln

thema Monographien zur Kunst- und Kulturgeschichte der Saarregion 9

Walsheim 1999

Impressum

Edition Europa

thema

Monographien zur Kunst- und Kulturgeschichte
der Saarregion

Herausgegeben von
Dr. Günter Scharwath und Dr. Christof Trepesch

Die Deutsche Bibliothek – CIP-Einheitsaufnahme

St. Martin zu Kölln
Joachim Conrad, Rainer Knauf, Günter Scharwath

Ein Titelsatz für diese Publikation ist bei der
Deutschen Bibliothek erhältlich.

ISBN 3-931773-23-X

Titelbild:
Federzeichnung des Künstlers Emil Markhausen,
Hunsrück, 1929, aus: Karl Rug, Köllerbach in alten
Ansichten, Zaltbommel, 1983, Abb. 8.

1999 Verlag Edition Europa, Walsheim

©1999 by Edition Europa, Gersheimer Straße 35-37,
D-66453 Walsheim, Fon: 06843-5021, Fax: 06843-5022,
Homepage: www.edition-europa.de. Alle Rechte vorbehalten.
Nachdruck, auch auszugsweise, sowie Verbreitung durch Film, Funk und
Fernsehen, durch fotomechanische Wiedergabe, Tonträger und Daten-
verarbeitungssysteme jeder Art nur mit schriftlicher Genehmigung des
Verlages.

Inhalt

Abb. 1: Die Martinskirche mit Friedhof, um 1925/30
(Foto: Max Wentz, Bildarchiv Alte Sammlung des Saarland Museums, Nr. 32).

Joachim Conrad
Die Geschichte der Martinskirche

„Im Namen der heiligen und unteilbaren Dreifaltig-keit. Ich, Simon, Graf in Saarbrücken, wünsche allen, denen das vorliegende Schriftstück zu Augen kommt, das ewige Heil. Allen, die in diesem Tal der Tränen wandeln, ist der Tod als Ausgang dieses Lebens bestimmt. Die einen streben diesem recht gefestigt entgegen, andere recht unglücklich. Von daher rührt, daß ich, Graf Simon in Saarbrücken, aufgrund von Erwägungen von Männern im geistlichen Stand und auf Rat meines Onkels, des Grafen Heinrich von Zweibrücken, wie auch anderer Adliger für mein Seelenheil wie auch das meiner Vorgänger und Nachfolger das Patronatsrecht der Kirche St. Martin im Köllertal zusammen mit dem dritten Teil des Zehnten geschenkt habe als dauernden Besitz an das verarmte Gotteshaus St. Maria in Wadgassen. Damit aber diese von mir freiwillig
erfolgte Schenkung fest und unerschütterlich bleibe, habe ich veranlaßt, daß diese Urkunde geschrieben, mit meinem Siegel und dem Siegel meines Onkels versehen und mit der Unterschrift von Zeugen beglaubigt wird. Die Namen der Zeugen aber sind: Herr Erzbischof Theoderich von Trier, und Herr Rudolf, Dompropst und Archidiakon."[1]

Mit dieser Urkunde tritt die Martinskirche in Kölln 1223 erstmals ins Licht der Geschichte. Erzbischof Theoderich von Trier bestätigte mit Zustimmung des Tholeyer Archidiakons Rudolf von Trier dem Abt Reiner von Wadgassen diese gräfliche Schenkung.[2] Eine weitere Bestätigung der Wadgasser Rechte an der Kirche im „Coredal" erfolgte durch Papst Hono-rius III. am 8. April 1224 im Lateran.[3]

Der Kirchort ist aber älter: Aufgrund des Martins-patroziniums[4] wird vermutet, daß bereits im

Abb. 2: Stiftungsurkunde aus dem Jahr 1223 (LHA Koblenz, Abt. 218 Nr. 603/30).

7. Jahrhundert eine Kirche in Kölln stand, die um 900 zur Pfarrkirche erhoben worden ist. Aus ihr wurden die Pfarreien St. Martin in Heusweiler, St. Erasmus in Eiweiler und St. Willibrord in Wahlschied ausgepfarrt.[5] Filialorte der Pfarrei St. Martin in Kölln waren Engelfangen (1400 als Ingelfingen erstmalig erwähnt) und – aus der Rodungszeit – die Orte Elm (1333 erwähnt), Guichenbach (1342), Bietschied (1373), Walpershofen (1393), Dilsburg (1423), Hilschbach und Rittenhofen (beide 1423), Kurhof und Salbach (beide 1428), Sellerbach (1459), Herchenbach (1460) sowie Etzenhofen und Überhofen (beide 1515).[6]

Seit 1223 stellten die Prämonstratenser von Wadgassen die Pfarrer von Kölln. Daneben bezeugt das Testament der Else von Berris vom 7. September 1381, daß an der Kirche eine Martinsbruderschaft existierte, die einen Frühmeßner finanzierte; dieser las neben dem Pfarrer in der Pfarrkirche die Messe.[7] In den Taxa generalis wird die Pfarrei hochbesteuert, was auf einen gewissen Wohlstand hinweist.[8] Die Bruderschaftsversammlung[9] vom 18. September 1423 gibt Auskunft über die jährlichen Einkünfte, die aus Einnahmen von den Grundstücken in Ensdorf, Knausholz, Rittenhofen, Arshofen, Walpershofen, Dilsburg, Hilschbach und Völklingen stammten sowie dem Umsatz eines Dritteils der Elmer Lohmühle nebst Wiesen und schließlich aus Anteilen des Walpershofer und Schwalbacher Zehnten. Zudem verfügte die Bruderschaft über die Mühle in Namborn mit zugehörigen Wiesen und einem Baumgarten und hatte Anspruch auf Schaft-, Zins- und Pfenniggeld am Ort. Diese und andere Einkünfte waren Geschenke, unter anderem der Herren von Rittenhofen[10] sowie von einem gewissen Pellermann von Kölln[11]. Von den Zehnteneinkünften aus dem Köllertal wiesen Graf Johann von Saarbrücken-Commercy und seine Frau Mathilde dem Abt und der Abtei Wadgassen einen jährlichen Zins von zwölf Malter Roggen Saarbrücker Maßes als Ausgleich für eine Menge Getreide, die die Abtei dem Saarbrücker Gefolgsmann Thielmann von Hattweiler aus ihrem Neunkircher Zehnten zu zahlen hatte.[12] Die Zahlungen fanden jeweils zu Weihnachten nachweislich noch 1543 statt.[13]

Als nach dem Tode des Grafen Johann IV. von Nassau-Saarbrücken am 23. November 1574 die lutherische Linie Nassau-Weilburg in Gestalt der Grafen Albrecht und Philipp III. die Saarbrücker Lande erbte, kam es zur Einführung[14] des lutherischen Bekenntnisses zum 1. Januar 1575. Der Abtei Wadgassen wurde nahegelegt, einen lutherischen Prediger für Kölln zu benennen.[15] Die Abtei weigerte sich offenbar, jedenfalls kehrte der letzte Prämonstratenser Johannes Reuter von Hoffelden ins Kloster zurück und Valentin Mohlberger wurde erster evangelischer Prediger in der Pfarrei.[16] Die mündliche Überlieferung, die sich freilich nur auf Pfarrer Wilhelm Noehren im 19. Jahrhundert berufen kann, weiß zu berichten, daß katholische Christen aus dem Köllertal nach Püttlingen gingen, um dort ihre Kinder katholisch taufen zu lassen.[17]

Bevor der „Prager Fenstersturz" 1618 die Fackel ins Pulverfaß warf, war die Situation an der Saar von dem Gegensatz zwischen Frankreich und Lothringen geprägt. Kardinal Richelieu hatte nicht nur ein Interesse an der Sprengung des habsburgischen Gürtels um das Königreich, sondern auch an der Expansion nach Osten, wodurch der Konflikt mit Lothringen vorprogrammiert war.[18] 1627 verwüsteten die Truppen von Graf Philipp Kratz von Scharffenstein das Köllertal; dabei wurde auch die Köllner Kirche in Mitleidenschaft gezogen. Es handelte sich um eine Art Racheakt, nachdem die Zollinger Bauern in Saarwerden sich im September 1627 Kratzschen Requirierungen widersetzt und einige Soldaten erschlagen hatten.[19] Im Januar 1628 zogen die Kratzschen Regimenter ab. Im Winter 1631/32 lagerten französische Truppen in Saarbrücken und Wallerfangen. Als der Trierer Kurfürst und Erzbischof Philipp Christoph von Sötern durch die Spanier in Bedrängnis geriet, rief er die Franzosen zu Hilfe, die sich plündernd zur Mosel in Marsch setzten.[20] Im März 1632 lag der französische Capitaine de Barre im evangelischen Pfarrhaus zu Kölln, während seine Soldateska in Burg Bucherbach[21] den Bauern zusetzte. Die Kirche wurde geplündert, alle drei Portale zerschlagen,[22] so daß in einer anonym überlieferten heimatkundlichen Darstellung, die ein „Meßbuch aus der Réunion" zitiert, der Eindruck erweckt wird, als wäre die Kirche völlig neu errichtet worden: „Anno 1651 wurde die Kirche zu Kölln neu erbaut, wozu die Einwohner Beiträge gaben, auch zum Bau des Pfarrhauses und des Kirchhofes hatten sie beigetragen."[23] Die nicht mehr nachprüfbare Überlieferung wird gestützt durch einen Verpfändungsbrief des Johannes Schlosser, der ein Gartengrundstück in St. Johann verpfändete, um Geld für die Restaurierung der Martinskirche auszulösen.[24] Auf dem Sockel der Kanzel findet sich die stark zerstörte Inschrift „1660 B. BLOCONNIER DE METZ", was wohl auf einen Handwerker hinweist, der mit den Steinmetzarbeiten beauftragt gewesen sein könnte.[25]

1634 brach die Pest aus; die Kroaten und Spanier unter General Matthias Graf Gallas plünderten die Gegend. Am Ende des Krieges blieb ein verwüsteter und entvölkerter Landstrich. Rentmeister Klicker stellt am 7. Dezember 1635 fest: „Köllerthaler Hof oder Meierei ist soviel als ganz ausgestorben".[26] Doch weil das Herzogtum Lothringen im Frieden von Münster und Osnabrück 1648 nicht eingeschlossen war, dauerte das Morden bis zum Frieden von Vincennes 1661.[27] In dieser Zeit wurde die Pfarrei Kölln von Balthasar Pistorius, anfangs von Saarbrücken, später von Völklingen aus mitverwaltet. Noch 1684 sind von etwa hundert Gehöften im Köllertal nahezu zwei Drittel unbewohnt.[28]

Eine lange Ruhe wurde dem Land nicht gegönnt; der Pfälzische Erbfolgekrieg führte zu den Réunionen; wieder durchstreiften Truppen das Köllertal. Die lutherischen Pfarreien Knorschied, Eiweiler, Reisweiler, Saarwellingen, Schwalbach und Überherrn wurden wieder katholisiert. Unter dem Schutz des französischen Intendanten wurde auch die Köllner Pfarrkirche zum Simultaneum. Für Heusweiler und Eiweiler ist das Jahr 1685 nachgewiesen;[29] für Köllerbach wird das Jahr 1684 vermutet.[30] Pfarrer Johann Wilhelm Motsch von Heusweiler, der zu dieser Zeit Kölln betreute, wurde verjagt. Pfarrer Johann Nikolaus Huffschlag von Völklingen wurde 1686 als Gefangener nach Saarlouis verschleppt. Erst mit dem Vertrag von Ryswyck[31] kehrte Friede ein; aber das Simultanverhältnis blieb bis zum Ende des 19. Jahrhunderts bestehen.

Im 18. Jahrhundert kamen wieder Jahre der Blüte. 1703 wurde in Walpershofen, um 1740 im Bucherbacher Hofhaus eine evangelische Schule eingerichtet.[32] Pfarrer Johann Christian Conrad Seidel erbaute 1742 ein neues Pfarrhaus. Dilsburg und

Bietschied wurden nach Heusweiler ausgepfarrt. Der nassau-saarbrückische Rat Christian Lex beschreibt das Köllertal im Jahre 1756 so: „In diese Kirche sind eingepfarrt die beiderseitige Religionsverwandten von Engelfangen, Sellerbach, Straßen, Cöllner Mühle, Etzenhofen, Überhofen, Giechenbach, Hilschbach, Walpershofen, Churhoff, Niedersalbach, Sprengen, Elm, Herchenbach und Rittenhofen; desgleichen die Lutheraner von Schwalbach und Catholicken von Dilsburg und Bietschied. In der Kirche ist das Simultaneum zwischen Lutheranern und Catholicken hergebracht, welche in Ansehung der praecedenz aller Sonntage mit dem Gottesdienst alternieren. Das Schiff der Kirche bauet und erhält das Stift St. Arnual, das Chor aber muß das Closter Wadgaßen bauen und erhalten. Dahiengegen die Pfarrgemeinde den Thurn die Glocken und die RingMauer, auch jede Religion ihr Schulhaus stellet und erhält."[33]

Von der Französischen Revolution blieb Kölln weitgehend verschont; zwar wurde das Pfarrhaus 1793 geplündert, doch ereignete sich bis zum Wiener Kongreß 1815 nichts Nennenswertes im Bereich der Pfarrei. Die Saarbrücker und dann die Alt-Preußische Union hatten allerdings Folgen: In den Jahren 1846 bis 1848 bildete sich in Walpershofen eine alt-lutherische Gemeinde, die ihren Betsaal bis 1870 als ersten Kirchbau vor Ort ausführen konnte.[34]

Der Bergbau ließ die Seelenzahl wachsen. In den alten Ortsteilen verschoben sich die Verhältnisse immer deutlicher zugunsten der katholischen Kirche.

Abb. 3: Blick auf die Martinskirche und den historischen Friedhof kurz vor der Jahrhundertwende (Foto: Stadtarchiv Püttlingen, Nachlaß Karl Rug).

Bergarbeitersiedlungen entstanden, die nach und nach ausgepfarrt wurden: 1875 Altenkessel, 1887 Guichenbach und 1890 Schwalbach. Die Siedlung Ritterstraße kam 1884 an Altenkessel, die Ortschaft Niedersalbach 1884 an Heusweiler.[35]

Die ansteigende Seelenzahl in Walpershofen machte es nötig, eine neue Kirche zu bauen. Sie wurde 1929 in Dienst gestellt. Der Ort Sprengen kam nach einer vorangegangenen Gemeindeversammlung in der Amtszeit von Pfarrerin Braun (1977-1998) nach Schwalbach. Die Kirchengemeinde Kölln zählt heute die drei Teile: Köllerbach (mit den Ortschaften Kölln, Engelfangen, Sellerbach, Etzenhofen, Herchenbach und Rittenhofen), Püttlingen (mit den Ortsteilen Berg und Bengesen) und Walpershofen. In Püttlingen wurde 1986 ein Gemeindezentrum eingerichtet.

Die Baugeschichte

Die Ausgrabungen in St. Martin unter Leitung von Pfarrer Karl-Ludwig Rug und Konservator Karl Kirsch in den Jahren 1929 bis 1962 sorgten für neue Erkenntnisse im Blick auf die Kirchbauten: Demnach existierte in vorromanischer Zeit ein kleines Oratorium von 8,60 m auf 6,20 m mit einem in der Größe noch unbestimmten Chorraum nach Osten (Abb. 4).[36]

Relativ schnell wurde ein neuer Bau errichtet, der an der Nordseite über eine Vorhalle verfügte.[37] Auf diesen romanischen Bau bezieht sich die erwähnte Quelle von 1223.[38] Ein dritter, frühgotischer Neu- oder Umbau des 13. oder 14. Jahrhunderts wird aufgrund vorhandener Architekturelemente angenommen.[39] Der mit großen Quadern gemauerte Turm ist nicht eindeutig zu datieren,[40] während der

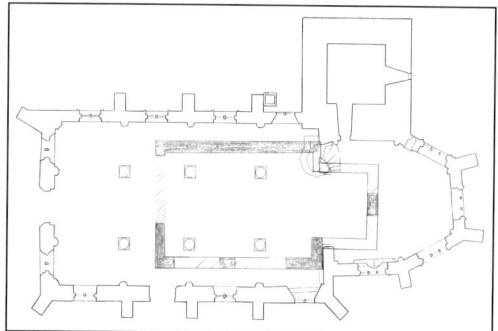

Abb. 4: Das vorromanische Oratorium
(Zeichnung: Thorsten Franz, Darmstadt).

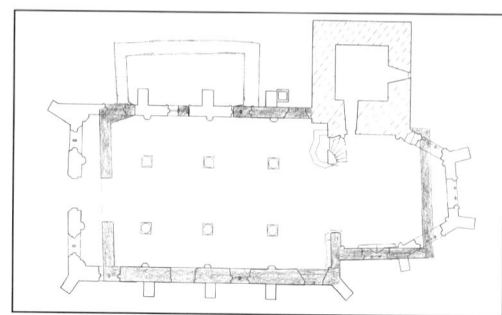

Abb. 5: Die romanische Kirche mit Vorhalle
(Zeichnung: Thorsten Franz, Darmstadt).

jetzige polygonale Chor aus dem 14. Jahrhundert stammt.[41] Dieser Chor wurde im 15. Jahrhundert (infolge eines Gewölbeeinsturzes?)[42] neu gemauert und bei dieser Gelegenheit ausgemalt. Eine Inschrift am Portal „Michael Basts 1548" wird in Verbindung gebracht mit der Einwölbung des Kirchenschiffes.[43] An der Nordseite der Kirche befand sich bis ins 18. Jahrhundert die bereits erwähnte Vorhalle, die von Konservator Karl Kirsch auf die Zeit zwischen 1180 und 1200 datiert wird.[44] Der Amtmann des Stiftes St. Arnual, der namens des Saarbrücker Grafen die Bauaufsicht über die Martinskirche führte, rät Pfarrer Seidel am 11. Februar 1747, die stark beschädigte Vorhalle abzureißen. Sie hatte zuletzt bei katholischen Beerdigungen als Unterstand gedient und auch den „Pfaffenhimmel" beherbergt.[45]

Bei den Ausgrabungsarbeiten wurden 1929 mehrere steinerne Sarkophage[46] aufgefunden; alle Bestattungen waren bereits in früherer Zeit gestört worden.[47] Weitere Sargfragmente wurden 1952 und 1956 entdeckt; die aus der letzteren Grabung waren in die Ostwand des zweiten Baus vermauert.[48] Vermutlich stammen die Särge aus der Zeit vor 950.

Bei der heutigen Martinskirche handelt es sich um eine vierjochige Pseudobasilika mit orientiertem Chor.[49] Das verzierte Hauptportal wurde 1956 nach historischen Fotos originalgetreu rekonstruiert.[50] An der Südseite befindet sich ein Seitenportal, das im 18. Jahrhundert vermutlich als Hauptportal gedient hat.

Die Baulast der Kirche war dreigeteilt: Die Gemeinde vor Ort unterhielt den mächtigen Turm, die Abtei

Wadgassen sorgte für den Chorraum, das Stift St. Arnual kam im Auftrag der Landesherrschaft der Unterhaltung des Kirchenschiffes nach.[51] Pfarrer Johann Daniel Horstmann, der von 1698 bis 1741 auch Pfarrer in Völklingen war, überliefert, daß 1732 neue Fenster gebrochen wurden, weil die Kirche zu dunkel gewesen sei.[52] Ob eine Fensterreparatur von 1764 sich auf die Kirche[53] oder das Schulhaus bezieht, ist unklar.[54] Jedenfalls werden 1876 sämtliche Fenster des Schiffes (außer den beiden östlichsten) neugotisch verändert.[55]

1772 wird der Kirchturm restauriert, und obwohl dies eine Aufgabe der Gemeinde war, versagte das Stift nicht seine Hilfe. „*Die Ko[st]en des Köllner Kirchenthurns drucket dasige eingepfarrten dieses Jahr seh[r] stark, und wäre ihnen eine g[ne]d[i]ge Beisteuer von etwa 50 fl[orin] um so mehr zu gönnen, da diese Meyerei ihre schwere Kirchenausgab ungeachtet dennoch etliche 30 fl[orin] zum Saarbrücker neuen Kirchbau versprochen hat. Arnual, den 31. Aug[usti] 1772*".[56]

Auch der Chorraum war Ende des 18. Jahrhunderts in schlechtem Zustand. Eine Orgel gab es nicht; vor dem mittleren Chorfenster stand ein 1773 errichteter Altar, der St. Martin und St. Nikolaus geweiht war.[57] Ihn beschreibt Pfarrer Noehren am 2. Oktober 1847: „*Nur ein Altar, dessen Dedication mir unbekannt ist. [...] Er ist eine Halbsäule, auf welcher das Bild der h[eiligen] Dreifaltigkeit sich befindet. Das ganze ist von Holz und der Zeitpunkt seiner Verfertigung ist unbekannt. Neben dieser Halbsäule, aber ober dem Altartisch befinden sich zwei Abstützungen von Holz, von welcher die eine breiter als die andere ist, aber beide gleich lang sind, nemlich so lange wie der Altartisch. In dieser Halbsäule*

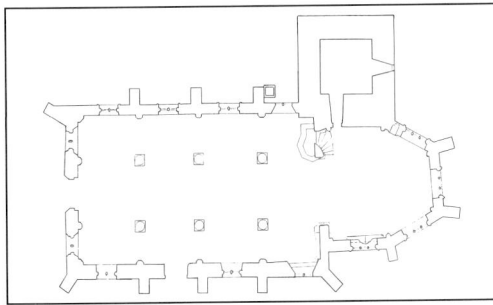

Abb. 6: Die spätgotische Kirche
(Zeichnung: Thorsten Franz, Darmstadt).

befindet sich das Bild des h[eiligen] Bischofs Nicolaus und auf der linken das des h[eiligen] Bischofs Martin, beide stehen ganz frei."[58]

Wegen einer Reparatur der Kirche im Jahre 1829 kam es zum Streit zwischen den beiden Pfarreien, ob die katholische Seite durch ihren Beitrag mehr Rechte an der Kirche erwerben würde.[59] Für das Jahr 1876 ist Bauwerksmeister Schultheiß aus Elm als Leiter einer weiteren Reparatur genannt: An den Fenstern wurden Veränderungen vorgenommen; ein Strebepfeiler an der Nordseite, der nur auf Gebeinen ruhte, ersetzt.[60]

Die Ausstattung

Das Prinzipalstück der Kirche ist die bereits erwähnte Kanzel; sie hat ihren Zugang vom Chorraum her und ruht achteckig mit rechteckigem Anschlußstück auf einem eleganten Fuß. Der Kanzelkörper wirkt leicht durch sein Fischblasenmuster.[61] Über der Kanzeltür steht „*G[RAVE] PH[ILIPPV]S ZV NASS[AVWE] ET C[ETERA] A[NN]O MDC V. APRIL[IS] V[IVENS] M[ANDAVIT]*". Vergleichbare Kanzeln befinden sich in der St. Georgskirche in Sarre-Union, dem vormaligen Bockenheim, in der alten Stiftskirche der kleinen Residenz Saarwerden (1586) sowie in der Kirche in Dörrenbach (um 1600).[62] Auch die evangelische Kirche in Neunkirchen erhielt eine solche Kanzel. Von der Kanzel der Stiftskirche in St. Arnual sind noch Reste erhalten; außerdem existieren noch zwei Lithographien bzw. Zeichnungen, die die verlorene Kanzel zeigen.[63]

Im Chor befindet sich links ein gotisches Sakramentshaus, das heute die historischen Altargeräte birgt. Ein Oculus verbindet das Tabernakel mit dem Friedhof; freilich findet sich auf der Außenseite des Chores rechts neben dem mittleren Chorfenster ein zugemauerter Oculus, so daß davon auszugehen ist, daß das Sakramentshaus ursprünglich in der Achse des Gebäudes lag. Das mit einem schmiedeeisernen Gitter (15. Jh.) verschlossene Tor wird von einem gotischen Bogen überhöht. Im Giebelfeld befindet sich eine bäuerliche und aus dem Lot geratene Steinmetzarbeit, die Maria und Johannes unter dem Kreuz zeigt.

Erwähnenswert sind die Kämpferfiguren[64] im Chor, die die Dienste verzieren. Von rechts nach links

Abb. 7: Die Ausstattung der Martinskirche 1929; besonders erwähnenswert die Kriegertafel aus dem Ersten Weltkrieg im Chorraum, der Messingleuchter unter dem Netzgewölbe und die Ausmalung des 19. Jahrhunderts (Foto: Ev. Pfarrarchiv Kölln).

sieht man einen jungen Mann mit Buch, der durch eine sorgfältige Frisur aus dicken Strähnen streng und ornamentalisiert wirkt und dem 14. Jahrhundert zugehört. Er folgt ein Engel mit Psalterium, dann ein bärtiger Bauer mit verschieden abgestepptem Wams, einer Gugel mit Quasten und Zipfel als Kopfbeckung und spitz zulaufenden Schuhen. Am nordöstlichsten Dienst ist eine Teufelsmaske mit Blattwerk zu sehen, es folgt ein lautespielender Engel und eine weitere Blattmaske, letzte ist allerdings eine Kopie. Das Original befindet sich im Pfarrarchiv.

Im Kirchenschiff befindet sich der Grabstein von Margaretha Nikolai geb. Meyß, der Frau des Köllner Pfarrers Philipp Nikolai. Zwischen jeweils vier lateinischen Distichen trägt er folgende Inschrift: *„HIE RUHET DIE EHRN- UND TUGENTS[AME] MAR / GRETHA MEYSIN, H[ER]RN PHIL[IPPI] NICOLAI / PF[ARRE]RS ALHIE II JAR EHEL[ICHE] HUSFR[AUWE],*

GEBOREN / A[NN]O 1603, 21. FEBR[UARII] VON W[EI]L[AND] H[ER]RN BARTHOL[OMAEO] / MEYSEN, NASS[AU] SARBT[ÜCKISCHEM] LANDSCHULTHEIS, / U[ND] ANNA HEILIGIN, EHEL[EUTEN]; ABER A[NN]O 1632, 9. / AUG[USTI], S[ELIG] ENTSCHLAFEN, DEREN LEICH / NAM GOTT fRÖLICH ERWECKE. / ESA[IA] 56: HEILIGE U[ND] GERECHTE LEUTE / WERDEN WEGGERAFT FOR DEM UNGL / ÜCK, KOM[M]EN ZUM FRIDE, U[ND] RUHEN IN IHREN / KAMERN.“[65]

Ursprünglich besaß die Martinskirche nur eine Glocke, gemeinschaftlich wurde 1778 eine zweite angeschafft. Im evangelischen Lagerbuch (angelegt 1825) heißt es: *„Zwey Glocken, dreizehn Zentner schwer, wurden von den beiden Pfarrgemeinden gemeinschaftlich angekauft.“*[66] Die neue Glocke trug die Inschrift *„1778 pour parein Jean Neno syndic et pour pareine Anna Elisabetha Blech“.*

Im Jahre 1834 riß die alte Glocke, sie wog 257 Kg[67]. Am 27. September 1835 wurde eine neue Glocke gegossen. Im katholischen Archiv ist vermerkt: *„Anno 1835 parochis J.W. Noehren catholicis et C.L. Herrmann evangelicis consule J. Kreutzer evangelicae et catholicae confessionis sumptu haec campana a Perrin et Hemery fusa in Losheim et in honorem St. Martini ab J.P. Badem decano e Saarbrücken benedicta est."*[68] Das evangelische Lagerbuch vermerkt: *„Die kleine Glocke, im Sommer 1834 gesprungen, wurde 1835 den 27ten September (Sonntag) Morgens zwei Uhr zu Losheim durch J. Perrin umgegossen. Die Kosten des Gießens betrugen 59 Thaler 23 Groschen 9 Pfennige. Die Transportkosten 6 Thaler 20 Groschen. Zehrungskosten beim Aufhängen: 4 Thaler 6 Groschen. Für dabei nötige Schmiedearbeit 2 Thaler 23 Groschen, zusammen 73 Thaler 12 Groschen 9 Pfennige, welche von den beiden Gemeinden bezahlt wurden. Den 12ten Juni 1847 beim Herzjesufest ist dieselbe wiedergesprungen und am 19ten Dezember 1847 ist sie in Trier von J. und N. Gaulard wiedergegossen worden. Die alte Glocke wog 502 Pfund, die neue wiegt 605 Pfund. Das Pfund alte Glocke wurde berechnet zu 8 Groschen, das Pfund der neuen kostet 17 Groschen, so daß der Gießer noch bekam 208 Thaler 29 Groschen. Dann lieferte er zwei neue Klöpfel mit Band, wiegend 63 Pfund zu 12 Groschen, also 25 Thaler 6 Groschen. Für das Aufhängen durch Peter Schmidt aus Sellerbach [?] bekam Gaulard 35 Thaler. Die beiden Deputierten zum Gießen erhal-*ten 22 Thaler Fuhrlohn, Trinkgeld in Trier [?], Wege [= Wiege]schein, Auf- und Abladen kostet 14 Thaler, 8 Groschen Stempel, 4 Thaler, 7 Groschen beim Aufhängen verzehrt (am 19ten Januar 1848)."*[69] Das zweite evangelische Lagerbuch, angelegt 1875, berichtet: *„Zwei Glocken, zu 8 und 5 Zentnern, von beiden Gemeinden im Arsenal zu Metz gekauft: nachdem die Franzosen die alten Glocken gestohlen hatten."*[70] Wann dieser Glockendiebstahl stattgefunden hat, ist nicht bekannt. Auch der Verbleib der genannten Glocken ist nicht nachvollziehbar. Im Jahre 1907 wurden vom Bochumer Verein neue Glocken gegossen, die heute noch vorhanden sind. Die große Glocke hat den Schlagton d' und trägt oben am Helm die Inschrift *„Gegossen vom Bochumer Verein in Bochum 1907"*. Auf dem Mantel steht vorne *„Glaubet"*, und hinten: *„Gegossen im Jahre 1907 unter dem Presbyterium E. Rieth Pfarrer. P. Blind. L. Büch. Th. Klein. Fr Michler. L. Sander. L. Schneider. Jac. Zeitz."* Die mittlere Glocke hat den Schlagton f'; auf dem Mantel steht *„Liebet"*. Die kleine Glocke hat den Schlagton as' und die Inschrift *„Hoffet"*. 1956 erhielten die Glocken ein Kugellager, als Läutemaschinen der Fa. Brown-Boveri installiert wurden.

Die Martinskirche erhält erst 1902 eine Orgel aus dem Haus Stumm/Rhaunen. Über die Disposition der alten Orgel liegen keine Aufzeichnungen vor. Die heutige Orgel mit mechanischer Traktur und Schleifladen stammt von Orgelbau Mayer aus Heusweiler und hat folgende Disposition:

I. Manual: Prinzipal 8', Oktav 4', Superoktav 2', Bourdon 8', Mixtur 3-4 fach;
II. Manual: Holzgedackt 8', Rohrflöte 4', Waldflöte 2', Vox coelestis 8', Carillon 3fach, Tremulant;
Pedal: Subbaß 16', Trompete 8'.

Auffindung, Restaurierung und Zuweisung der Deckenmalereien

Die spätmittelalterlichen Deckenmalereien in der Martinskirche in Kölln verdienen eine genaue Betrachtung. Im Saarland sind nur drei weitere Kirchen mit mittelalterlicher Ausmalung erhalten, nämlich die Deckenmalerei im Langhaus der Basilika in St. Wendel, die 1979 restaurierten Malereien im Chor von St. Jakobus in Keßlingen bei Orscholz und die 1954 gesicherte Chorausmalung in St. Mar-

Abb. 8: Die simultan genutzte Martinskirche am Ende des letzten Jahrhunderts. Im Chorraum der katholische Altar mit Beichtstuhl und Fahnen; vor dem Chorbogen der evangelische Altar (Foto: Stadtarchiv Püttlingen, Nachlaß K. Rug).

tin in Medelsheim (heutige Sakristei). Vergleichbar wären aber auch die Malereien in der evangelischen Martinskirche in Großbundenbach und in der Pfarrkirche St. Martin im lothringischen Sillegny nahe Metz.

Erst am 28. Juni 1956 waren die Deckengemälde in der Köllner Martinskirche entdeckt worden.[71] Daß sie relativ gut erhalten sind, verdanken sie wohl einer frühen Übertünchung, womöglich bei der Einführung der Reformation 1575. Unter Aufsicht des damaligen Landeskonservators Dr. Martin Klewitz sorgte der bayerische Restaurator Lothar Schwink aus Andechs für die Freilegung und erste Restaurierung der Malereien im Februar 1957. Da es keine Aufzeichnungen über diese Arbeiten gibt, sind die Notizen und Fotografien des damaligen Köllner Pfarrers Prof. Karl Ludwig Rug die einzigen Dokumente. Mauernässe hatte die Bemalung zum Teil beschädigt und – besonders auf der Turmseite – sogar zerstört. Risse durch Bergschäden machten eine Torkretierung des Chorbogens nötig. Tiefe und große Hacklöcher wies besonders der Martinszyklus auf dem Chorbogen auf. Neben den Resten der ursprünglichen Farbgebung hatten sich vor allem die Konturen der Figuren und die Binnenzeichnungen erhalten. Dies alles deutet auf die nördlich der Alpen gebräuchliche Sekkomalerei hin, wie es Gudula Overmeyer in ihrer Studie ausführt.[72] Etwa siebzig Prozent der Ausmalung wurden gesichert, Schlaglöcher und Fehlstellen retuschiert.[73] Eine zweite Restaurierung erfolgte von Januar bis Mai 1984 durch den im selben Jahr verstorbenen Kunstmaler Arnold Mrziglod aus Tholey, der mit einem „scharfen Skalpell" säuberte und sicherte. Auch darüber gibt es keine Dokumentation. Weil die Putzschicht lose war, mußte sie mit Kasein, Marmormehl und Bindemittel hinterspritzt werden. Gudula Overmeyer resümiert: *„Ein Vergleich zwischen den wenigen schwarz-weißen Fotos vom originalen Befund und dem zweifach restaurierten Zustand heute löst Unbehagen aus."*[74]

Der Historiker Hanns Klein wies 1986 die Malereien in der Köllner Martinskirche dem wiederentdeckten Saarbrücker Maler Jost Haller[75] zu, der 1450 in den Amtsrechnungen der Burg Bucherbach im Köllertal Erwähnung findet.[76] Gudula Overmeyer aber kommt aufgrund stilistischer Untersuchungen[77]

zu der Ansicht, daß Jost Haller ausscheiden muß.[78] In Kölln *„fehlt die Liebe zu den Details. Es gibt keine Natur aus Bäumen, Blumen, Felsen usw., es gibt keine Landschaft, die sich in die Tiefe erstreckt. Im Gegensatz zu Jost Haller interessierte den Maler von Kölln nicht der naturalistische Bildaufbau, auch nicht eine zusammenhängende Erzählform."*[79] Die additiv ergänzten Szenen stehen in einem undefinierbaren Raum nebeneinander. Gudula Overmeyer kommt vielmehr zu der Einsicht, daß graphische Vorlagen, Skizzen- oder Musterbücher Grundlage der Köllner Malereien sein könnten.[80] Der Entwurf stammt womöglich vom Auftraggeber, dem Abt von Wadgassen; danach hatte eine Werkstatt den Auftrag auszuführen, was die verschiedenen Stile und Fertigkeiten erklären könnte.[81]

Zur Ikonographie des Deckengemäldes

Der Chorbogen zeigt uns Szenen aus dem Leben des hl. Martin von Tours, des Patrons der Kirche. Diese scheinen einer anderen Ausmalungsperiode zuzugehören als die im übrigen Chor; zumindest fällt bei der bloßen Betrachtung auf, daß die Heiligen des Chorbogens gedrungener und schwerer wirken. *„Ohne große, machtvolle Gesten, ohne Bewegungsdrang, ohne Dramatik erscheinen sie ernst, verhalten, würdig."*[82] Links ist die Mantelszene dargestellt: Der hl. Martin, der in blauer Rüstung auf einem braunen Pferd sitzt, läßt ein hohes Haus mit Satteldach und großen rundbogigen Fenstern hinter sich, vielleicht die Stadt Amiens. Er begegnet einem kahlköpfigen Bettler, dessen 3/4-Profil

Abb. 9: St. Martin übergibt Abt Reiner von Wadgassen den Krummstab und dem Saarbrücker Graf Simon III. das Schwert; Detail vom Chorbogen (Foto: Marc Kettenmann, Bremen).

Abb. 10: St. Augustinus; Detail aus dem Chor (Foto: Marc Kettenmann, Bremen).

original erhalten ist. Dieser stützt sich auf Krücken; sein Körper ist weitgehend von einer Kreuzblume verdeckt. Karl Ludwig Rug vertrat die Meinung, daß sich der Bettler *„mit der Linken [...] auf die gemalte Kreuzblume zu stützen"* [83] scheint, und tatsächlich wird so seine Blöße bedeckt. Gudula Overmeyer vermutet dagegen, daß die Verzierungen später aufgetragen worden sind. [84] Hinter dem hl. Martin kniet eine andere Gestalt, neben der eine Krücke liegt. Ihn für einen weiteren Bettler zu halten, scheint mir unangemessen. Viel eher ist das Bild von links nach rechts zu lesen, d.h. der kniende Bettler ist derselbe, dem Martin gleich das Mantelstück geben wird. Im Scheitel des Chorbogens sehen wir Christus in einer blauen Mandorla, der den Mantel des Heiligen hält und somit dessen Opfer angenommen hat. Rechts befindet sich das für uns wichtigste Bild: Es zeigt den hl. Martin mit Mitra auf einem erhöhten Stuhl. Zu seiner Rechten kniet in weißem Gewand mit kurzem Umhang, den offenbar Hermelinschwänze zieren, ein Mönch, dem Martin den Abtsstab reicht. Zur linken kniet eine andere Gestalt, die dem Heiligen ein Buch hinhält und offensicht-

lich ein Schwert bekommt. Es könnte der Saarbrücker Graf sein. Vermutlich zeigt das Bild, was die Urkunde von 1223 betont: daß die Abtei Wadgassen (also Abt Reiner) die geistliche, die Grafschaft Saarbrücken (also Graf Simon III.) die weltliche Herrschaft über die Kirche des hl. Martin von Tours erhält. Der Kopf des Grafen ist allerdings stark restauriert.

An den Rändern befinden sich zwei schwach erhaltene Bilder. Das rechte zeigt einen Heiligen mit Diakonsstola und Pilgerstab mit Kugelknauf, vor dem ein (kranker?) Mensch kniet. Karl Ludwig Rug glaubte, den Pestheiligen Rochus oder den Armenpfleger Kaiser Ludwig den Frommen erkennen zu können. [85] Die Kopfbedeckung, die sich vom Heiligenschein farblich absetzt, ist stark restauriert. Sie wirkt wie ein Pilgerhut mit Jakobsmuschel, weshalb ich für Jakobus d. Ä. plädiere, von dem ebenfalls die Heilung eines Lahmen überliefert wird. [86] Rechts vom Chorbogen steht eine Person mit kurzem Mantel, Hosen und Strümpfen. Der Heilige beugte sich über eine liegende Gestalt, die wirkt, als sei sie in Totenbinden gewickelt. [87] Gudula Overmeyer vermutete den hl. Valentin von Rätien (5. Jh.) und einen Epileptiker. [88] Die Deutung ist schwierig, weil diese Stellen stark restauriert wurden.

Die Ausmalung des Chorraums ist von der Mitte her zwischen den beiden Schlußsteinen zu lesen: Christus sitzt als Weltenrichter auf einem doppelten Regenbogen, wobei er den unteren als Fußschemel nutzt. Aus seinem Mund geht zur Rechten ein Pflanzenstil mit runden, roten Früchten oder

Abb. 11: Weihrauchfaß schwingender Engel; Detail aus dem (Foto: Marc Kettenmann, Bremen).

Blüten und zur Linken ein Schwert. Johannes der Täufer kniet zu seiner Linken. Zur Rechten deuten Reste eines roten Mantels und eines Heiligenscheines auf die Gottesmutter. Deesis und Majestas Domini sind in unserem Bild verschmolzen. Unter dem Regenbogen sieht ein kleines Männchen heraus, das flehend die Hände erhebt.[89] Ein Spruchband kündet denen zur Linken „Ite maledicti". Das rechte Spruchband ist leer und enthielt wohl den Ruf „Venite benedicti". Im äußersten linken Zwickel ist dann auch das Elend der Verdammten zu sehen: ein bocksbeiniger Teufel stößt den unseligen Geizigen (mit Beutel) in den Höllenrachen, der sich als Drachenmaul mit Fang- und Reißzähnen[90] zeigt. Hinter der linken Schulter des Teufels steht der Würfelspieler, hinter der rechten der Kornwucherer mit dem Sack, der Trinker mit dem Becher und der Soldat mit dem Helm; sie alle fahren zu Hölle. Der Himmel auf dem gegenüberliegenden rechten Feld ist stark zerstört; Reste von drei gotischen Bögen (?) und eine schemenhafte Figur lassen Petrus als himmlischen Pförtner vermuten. Auf dem Gewölbefeld zwischen dem Chorbogen und der Christusdarstellung befindet sich eine mittelalterliche Darstellung des Kosmos: Von den vier Urelementen[91] der Antike als Viertel unterlegt laufen neun konzentrische Kreise und bilden die Sphärenharmonie. Ein blaues, wellenartiges Band zeigt die Chaosmacht außerhalb der geordneten Schöpfung.

Die drei hinteren Felder des 5/8-Schlusses zeigen in einem himmlischen Gottesdienst, wie priesterliche Engel die Leidenswerkzeuge Christi tragen, umgeben von Sonne, Mond und in der Regel fünfzackigen Sternen. Drei Posaunenengel, je einer pro Giebelfeld, blasen zum Jüngsten Gericht. Die Engel, mit Alben, gekreuzter Priesterstola und Manipeln bekleidet, tragen (von links nach rechts): erster Engel: Hammer, Zange und Lanze; zweiter Engel: Martersäule mit Strick; dritter Engel: Stäupe und Kreuz (mit drei Nägeln, Dornenkrone und Titulus); vierter Engel: Geißel und Kreuz; fünfter Engel: Leiter und Weihrauchfaß; sechster Engel: Ysoprohr mit Essigschwamm und zwei gekreuzte Holzstäbe, mit denen vermutlich Jesus die Dornenkrone aufs Haupt gedrückt wurde.[92] Schließlich sind in den beiden vorderen Feldern des 5/8-Schlusses die Säulen der mittelalterlichen Kirche symbolisiert: Schrift

und Tradition. Im ersten Feld links des Richters steht Aurelius Augustinus in Schrittstellung am Pult, auf dem ein Buch liegt. Der Heilige trägt die Mitra; ein Spruchband schreibt „Augustinus". Ihm gegenüber befindet sich als Symbol des Evangelisten Markus ein großer geflügelter Löwe. Im anderen Feld steht im Kardinalpurpur Hieronymos. Auch er steht vor einem Pult mit aufgeschlagenem Buch; ihm steht der geflügelte Stier des Lukas gegenüber. Die beiden Felder rechts des Richters sind vollkommen zerstört, man darf aber getrost Gregor den Großen und Ambrosius samt Engel für Matthäus und Adler für Johannes erwarten. Bei den Kirchenvätern fällt auf, daß sie wohl verschiedenen Künstlern zuzuweisen sind: Augustinus ist scharf und klar gezeichnet, Hieronymos sehr weich konturiert.

Die Pfarrer an der Martinskirche

1338 Petrus, 1381 Johannes, 1392 Wilhelm von Dillingen, 1423 Petrus, 1461 Johannes von Ottweiler, 1525 Johannes Chollerthal, bis 1539 Johannes Listorff, 1539-1551 Sifridus Hultzlin von St. Wendel, 1569-1575 Johannes Reuter von Hoffelden, 1576-1612 Valentin Mühlberg (Mohlberg), 1615-1622 Mag. Johann Christian Stutz, 1622-1634 Philipp Nicolai, 1648-1650 und 1654-1681 Balthasar Pistorius, 1681-1682 Johann Wilhelm Motsch, 1683-1685 Mag. Johann Friedrich Reuß, 1686-1696 Johann Nikolaus Huffschlag, 1696-1698 Mag. Andreas Jakobi, 1698 Johann Friedrich Pier, 1698-1741 Johann Daniel Horstmann, 1741-1752 Johann Christian Conrad Seidel, 1752-1762 Johann Christian Schwendler (Vertretung durch Vikare: 1755-1756 Christian Albrecht Westermann, 1756-1762 Johann Friedrich Rupp), 1762-1806 Johann Friedrich Rupp, 1807-1813 Karl Theodor Werner, 1814-1822 Christian Friedrich Sorg, 1823-1824 Karl Ludwig Römer (kommissarisch), 1824-1871 Carl-Ludwig Herrmann, 1872-1882 Christian Matthaei, 1884-1891 Eduard Gottfried Friedrich Karl Ulrich, 1892-1909 Ernst Rieth, 1909-1928 Wilhelm Michel, 1928-1968 Prof. h.c. Karl Ludwig Rug, 1969-1970 Gerhard Jakschas, 1970-1977 Horst Herbert Ludwig Friedrich Mattheus, 1977-1998 Margund Braun geb. Michel (Vakanzverwaltung: seit 1998 Wolfgang Krautmacher), seit 1988 Dr. theol. Joachim Conrad.

Anmerkungen

1) LHA Koblenz, Abt. 218, Nr. 603/30; Übersetzung von Dr. Stefan Flesch.

2) LHA Koblenz, Abt. 218, Nr. 603/346; MRR II Nr. 1588, S. 432; J. Burg, Regesten der Prämonstratenserabtei Wadgassen bis zum Jahre 1571, Saarbrücken 1980, Reg. Nr. 86.

3) LHA Koblenz, Abt. 218, Nr. 34; MRUB III Nr. 246, S. 204; Burg (wie Anm. 2), Reg. Nr. 96.

4) Vgl. H.-W. Herrmann: Die Reformation in Nassau-Saarbrücken und die nassau-saarbrückische Landeskirche bis 1635, in: Die Evangelische Kirche an der Saar gestern und heute, hrsg. von der Kirchenkreisen Ottweiler, Saarbrücken und Völklingen, Saarbrücken 1975, S. 42-111; N. Scherer: Grundriß der kirchengeschichtlichen Entwicklung in Alt-Püttlingen bis zum Beginn des 19. Jahrhunderts, in: ZGS 40 (1992), S. 13-96, S. 49.

5) Vgl. Scherer (wie Anm. 4), S. 49.

6) Ebd.

7) LA Saarbrücken, Best. Nassau-Saarbrücken II, Nr. 2702 und 1538 (Abschrift vom 2. November 1452 eines Originals in Wiesbaden).

8) W. Fabricius: Taxa generalis subsidiorum cleri Trevirensis, in: Trier. Archiv 8 (1905), S. 1-52.

9) LA Saarbrücken, Bestand Nassau-Saarbrücken II, Nr. 2702.

10) Vgl. St. Flesch: Das feste Haus der Junker von Rittenhofen, in: J. Conrad / St. Flesch: Burgen und Schlösser an der Saar, 3. Aufl., Saarbrücken 1993, S. 204.

11) Vgl. N. Scherer (wie Anm. 4), S. 53-54.

12) A. H. Jungk, Regesten zur Geschichte der ehemaligen Nassau-Saarbrückischen Lande, in: Mitteilungen des Historischen Vereins für die Saargegend H. 13/14, 1914/19, Reg. Nr. 1017, S. 291.

13) LA Saarbrücken, Best. Nassau-Saarbrücken II, Nr. 345, 346, 348, 374, 385, 5401.

14) Vgl. Herrmann (wie Anm. 4), S. 64ff.

15) Vgl. H. Faulenbach: Quellen zur rheinischen Kirchengeschichte Bd. 1, Düsseldorf 1991, S. 266.

16) Vgl. W. Engel (Hrsg.): 375 Jahre Evangelische Kirche an der Saar 1575-1950. Eine Festschrift, Saarbrücken 1950, S. 113.

17) Vgl. H. J. Kühn / R. Baltes: Zur Geschichte der Pfarrei Herz Jesu Köllerbach, vormals St. Martin zu Kölln im Köllertal, Püttlingen 1999, S. 23f.

18) Vgl. H.-W. Herrmann: Der Dreißigjährige Krieg, in: Geschichtliche Landeskunde des Saarlandes, Bd. 1, hrsg. von K. Hoppstädter / H.-W. Herrmann / E. Dehnke, 3. Aufl., Saarbrücken 1978, S. 229-265, S. 230f.

19) Nicht nur Ortschaften, sondern auch die Nassauischen Schlösser Neunkirchen, Philippsborn, Bucherbach, Lorenzen und Diedendorf wurden geplündert und demoliert, auch das gräfliche Erbbegräbnis in St. Arnual aufgebrochen; vgl. ebd., S. 236.

20) Ebd., S. 242.

21) Vgl. St. Flesch: Burg Bucherbach in Engelfangen, in: Conrad / Flesch (wie Anm. 10), S. 174-178.

22) LA Saarbrücken, Best. Nassau-Saarbrücken II, Nr. 2503, S. 79.

23) Geschichte unserer Heimat, in: Stadtarchiv Püttlingen, Best. 72, Nr. 4116.

24) LA Saarbrücken, Best. Nassau-Saarbrücken II, Nr. 2407, Blatt 128r: „Actum den 25ten Augusti 1653. Erschiene Herr Joha[nn] Schloßer, Burger, Gerichtsverwalter und Kirchenschaffner allhier mit Juncker Oberamt[mann]s consensus hierbei, vnd bekante zu erbawung der Coller Kirche in Pfand-

schaft gegebe[n] vndt eingerawmt zu haben Jakob Rotschen, Burger und Müller zu St. Joha[nn], Engelen, seiner Hausfrawen eine Gartenruht [...]."

25) Vgl. eine Notiz des Pfarrer Wilhelm Noehren aus dem Jahre 1847 im Bistumsarchiv Trier, Abt. 70, Nr. 06114, Blatt 265r-268r.

26) Vgl. Herrmann (wie Anm. 18), S. 260.

27) Ebd., S. 255.

28) Vgl. Engel (wie Anm. 16), S. 114.

29) Bistumsarchiv Trier, Abt. 44, Nr. 49, S. 205-210.

30) „Eccelsia parochiales [parochiales] S[ancti] Martini in Colredal Anno 1685 quando 23. Aprilis post centum Annorum occlusionem Catholicis iterum reservata [reservata] fuit" [Die Pfarrkirche St. Martin im Köllertal wurde, nachdem sie hundert Jahre den Katholiken genommen war, ihnen wieder zurückgegeben."; vgl. Geschichte unserer Heimat, (wie Anm. 23), S. 98.

31) Vgl. H.-W. Herrmann: Grundlinien der saarländischen Geschichte, in: Geschichtliche Landeskunde des Saarlandes, Bd. 2 (= Mitteilungen des Historischen Vereins für die Saargegend e.V. Heft 4), hrsg. von K. Hoppstädter / H.-W. Herrmann / H. Klein, Saarbrücken 1977, S. 470-545, S. 505-515.

32) Vgl. Engel (wie Anm. 16), S. 115-116.

33) LA Saarbrücken, Best. Nassau-Saarbrücken I, Nr. 1, S. 159-160.

34) Ebd., S. 115.

35) Vgl. Engel (wie Anm. 16), S. 116.

36) Vgl. G. Overmeyer: Zu den Wandmalereien in der Köllner Martinskirche, in: BDS 27 (1980-1990), Abt. Kunstdenkmalpflege, S. 101-122.

37) Vgl. J. Conrad: Die Martinskirche zu Kölln-Püttlingen, in: Staerk (Hrsg.): Das Saarlandbuch, Saarbrücken 1981, S. 105.

38) Vgl. Overmeyer (wie Anm. 36), S. 19.

39) Vgl. K. Kirsch: Evangelische Pfarrkirche St. Martin. Unveröffentlichter Grabungsbericht aus den Jahren 1929-1962, S. 7; M. Klewitz: Die Martinskirche zu Köllerbach im Saarland (= Große Baudenkmäler Heft 226), Berlin 1968, S. 6.

40) Vgl. Overmeyer (wie Anm. 36), S. 19f.

41) Ebd., S. 20.

42) Vgl. Kirsch (wie Anm. 39), S. 7.

43) Vgl. Overmeyer (wie Anm. 36), S. 21.

44) Vgl. Kirsch (wie Anm. 39), S. 7.

45) LA Saarbrücken, Nachlaß Rug, Nr. 128, S. 1.

46) Vgl. K. L. Rug: Aus der Zeit der fränkischen Besiedlung. Von den Steinsärgen in der Martinskirche zu Kölln, in: Köllertaler Heimatbuch 1 (1951), S. 47-49.

47) Vgl. Overmeyer (wie Anm. 36), S. 15-18.

48) Ebd., S. 18.

49) Vgl. Conrad (wie Anm. 37), S. 105.

50) Vgl. Klewitz (wie Anm. 39), S. 6; Overmeyer (wie Anm. 36), S. 25-27.

51) LA Saarbrücken, Best. Nassau-Saarbrücken I Nr. 1, S. 159-160; vgl. auch K. L. Rug: Die Martinskirche zu Köllertal und ihre Ausstattung, in: Die Schule. Zeitschrift für Erziehung und Unterricht 8 (1955), S. 238-244.

52) Ev. Pfarrarchiv Völklingen, Aufzeichnung von Johann Daniel Horstmann 1734.

53) „Fenestrae neque ex vitro encaustico neque colorato sunt, sed nunc temporis pene omnes fractae emendatione indigent haud minimis facienda sumptibus", vgl. Bistumsarchiv Trier, Abt. 44, Nr. 111.

54) „N[umme]r 2: AußGab Baukosten an den fenstermacher bezalt vor 2 stick fenster so der wind Eingerissen laut quittung 2 fl[orin], 10 alb[us]; Ev. Pfarrarchiv Kölln, Kirchenrechnung 1764.

55) Vgl. Overmeyer (wie Anm. 36), S. 22.

56) LA Saarbrücken, Nachlaß Rug, Nr. 138, S. 3.

57) „Non adest organo in templo [...] Habet unum altare 1773 erectum [...] S[ancti] Nicolai et Martino [dedicatum].", Bistumsarchiv Trier, Abt. 44, Nr. 111.

58) Bistumsarchiv Trier, Abt. 70, Nr. 06114, Blatt 265r–268r, hier 265r–267r.

59) Ev. Pfarrarchiv Kölln, A 2/2, Lagerbuch von 1875, Inventar Kirchenfonds Titel I, Ziffer 1.

60) Ebd., vgl. auch LA Saarbrücken, Nachlaß Rug, Nr. 138, S. 10–11.

61) Vgl. K. L. Rug: Die Martinskirche zu Kölln im Köllertal. Neue Erkenntnis aus ihrer Baugeschichte, in: Die Saarheimat 2 (1958) Heft 5, S. 25–29; Overmeyer (wie Anm. 36), S. 34–36.

62) Vgl. H. Ch. Dittscheid: Evangelischer Kirchenbau in Nassau-Saarbrücken, in: Die Evangelische Kirche an der Saar (wie Anm. 4), S. 139-195, S. 143.

63) Vgl. R. Schneider: Die Stiftskirche St. Arnual: Restaurierungsgeschichte und Denkmalpflege, in: H.-W. Herrmann (Hrsg.): Die Stiftskirche St. Arnual in Saarbrücken (= Schriftenreihe des Vereins für Rheinische Kirchengeschichte Nr. 130), Köln 1998, S. 387–460, S. 392–394.

64) Vgl. M. Jähne: Die Bauskulptur des Spätmittelalters im Saarland (1260–1550). Untersuchungen zu Stil und Ikonographie, Saarbrücken 1999, S. 156–164.

65) Zitiert nach: H.-J. Kühn: Historische Inschriften, in: Overmeyer (wie Anm. 36), S.101; das Bibelzitat meint Jes. 57, 1b–2a.

66) Ev. Pfarrarchiv Kölln, A2/1, Lagerbuch von 1825, p. 1.

67) Es sind 550 preußische Pfund angegeben; Katholisches Pfarrarchiv Kölln, zitiert nach Kühn/Baltes (wie Anm. 17), S. 54.

68) „Im Jahre 1835, als Johann Wilhelm Noehren katholischer und Carl Ludwig Herrmann evangelischer Pfarrer [in Kölln] und Johann Kreutzer Bürgermeister [in Sellerbach] waren, wurde diese Glocke auf Kosten der evangelischen und katholischen Konfession von Perrin & Hemery in Losheim gegossen und von Dekan Johann Peter Badem aus Saarbrücken geweiht."

69) Ev. Pfarrarchiv Kölln, A2/1, Lagerbuch von 1825, p. 2.

70) Ev. Pfarrarchiv Kölln, A2/2, Lagerbuch von 1875, Inventar Kirchenfonds Titel V, Ziffer 21, S. 10.

71) K. L. Rug, Die Fresken im Chor der Martinskirche zu Kölln, in: In Deinen Händen. Evangelischer Kalender 1959, S. 54-61, S. 54.

72) Vgl. Overmeyer (wie Anm. 36), S. 49.

73) Konservator Klewitz verhinderte aber eine Ergänzung; so mußte der Restaurator eine Bearbeitung des Gesichtes des hl. Augustinus zurücknehmen; der Verf.

74) Vgl. Overmeyer (wie Anm. 36), S. 50.

75) Es ist das Verdienst von Hanns Klein, „Josen, maler von Saarbrügk" als großen Maler des 15. Jahrhunderts wiederentdeckt zu haben, vgl. H. Klein: Der Maler Jost von Saarbrücken und sein Auftrag zur Ausmalung einer Kapelle in der Metzer Karmeliterkirche vom Jahre 1455, in: BDS 19, 1971, S. 41-54.

76) H. Klein: Der Maler Jost von Saarbrücken und die mittelalterlichen Fresken in der Köllner St. Martinskirche. In: Püttlinger Monatshefte 1 (1986), Nr. 1, S. 2-6.

77) Relevant sind vier Tafelgemälde, die von Charles Sterling 1980 als zusammengehörige Teile eines Retabel der Saarbrücker Deutschherrenkapelle erwiesen und dem Maler Jost Haller zugeordnet worden waren; vgl. Ch. Sterling: Jost Haller. Maler zu Straßburg und zu Saarbrücken in der Mitte

des 15. Jahrhunderts, in: Wiener Jahrbuch für Kunstgeschichte 33, 1980, S. 99-126 - Ders.: Jost Haller. Peintre à Strasbourg et à Sarrebruck au milieu du XV siècle, in: Bulletin de la Société Schongauer à Colmar 1979-1982, 1983, S. 53-89. Vermutlich ist auch die rechte Seite der sog. Bergheimer Predella Jost Haller zuzuschreiben; vgl. H. Röntgen: Zur Stellung der Bergheimer Predella in der Kunst des Oberrheins, in: Zeitschrift für Kunstwissenschaft 14 (1960), S. 104-109.

78) Wirklich vergleichbar scheinen allerdings die Glasfenster im lothringischen Zettingen, die in der Krönungsszene des hl. Marcellus eine Dreiergruppe bietet, die der Köllner vom Aufbau, vom Figurenbild, von der Gebärdensprache, der Faltengebung und der Liniensprache verwandt ist; vgl. M.-L. Hauck: Die Glasgemälde der Kirche in Zettingen / Lothringen. Saarbrücken 1970, S. 133ff; Abb. Tafel 33 – Overmeyer (wie Anm. 36), S. 61.

79) Vgl. Overmeyer (wie Anm. 36), S. 60.

80) Ebd., S. 74.

81) Für die Spätgotik scheint die beschriebene Arbeitsmethode üblich; vgl. J. Glatz: Mittelalterliche Wandmalereien in der Pfalz und in Rheinhessen, Mainz 1981, S. 108.

82) Overmeyer (wie Anm. 29), S. 56.

83) Vgl. Rug (wie Anm. 71), S. 54-61, S. 58.

84) Vgl. Overmeyer (wie Anm. 36), S. 52.

85) K. Rug: Tagebucheintragungen 1958. Im Privatbesitz der Fam. Schlimm-Rug, Goch/Niederrhein. Von Martin von Tours wird auch die Heilung eines Lahmen überliefert, vgl. S. Kimpel: Martin v. Tours, LCI 7, 1974, Sp. 572-579, Sp. 574.

86) Vgl. S. Kimpel: Jakobus der Ältere, in: LCI 7, 1974, Sp. 23-39, Sp. 24.

87) Auch von Martin von Tours wird eine Totenauferweckung überliefert; vgl. Kimpel (wie Anm. 85), Sp. 574.

88) Vgl. Overmeyer (wie Anm. 36), S. 56. Valentin erscheint häufig mit Sebastian und Rochus; mir ist aber kein Bezug zu Martin von Tours, in: bekannt; vgl. I. Müller: Valentin von Rätien, in: LCI 8, 1976, Sp. 529-530, Sp. 530.

89) Gudula Overmeyer verweist auf die Hospitalkirche in Kues und die Malereien im elsässischen Weiterswiller und erkennt daher einen von den Toten auferstehenden, flehenden Menschen; Overmeyer (wie Anm. 36), S. 62.

90) Es zeugt von einer durch romantische Schwärmerei entstandenen Unkenntnis, wenn G. Overmeyer „zwei spitze Vampirzähne, gefolgt von einer Reihe von Mahlzähnen" erkennen will; vgl. Overmeyer (wie Anm. 36), S. 67.

91) Die Urelemente sind farbig symbolisiert: Wasser = blau, Feuer = gelb, Luft = weiß und Erde = braun. Die neun konzentrischen Kreise symbolisieren nach dem ptolemäischen Weltbild die Bahnen von Mond, Merkur, Venus, Sonne, Mars, Jupiter und Saturn und die Fixsterne; vgl. Overmeyer (wie Anm. 36), S. 66.

92) Vgl. Overmeyer (wie Anm. 36)

Abkürzungen

ZGS = Zeitschrift für die Geschichte der Saargegend
LCI = Lexikon der christlichen Ikonographie
LHA = Landeshauptarchiv
LA = Landesarchiv
BDS = Berichte der Staatlichen Denkmalpflege im Saarland
MRUB = Mittelrheinisches Urkundenbuch

Günter Scharwath

Kirchenschatz und Kirchengerät der Martinskirche

Weinkelch und Hostienteller waren von Anfang an die unverzichtbaren Gerätschaften1), die bei der Abendmahlsfeier Verwendung fanden. An Materialien zu ihrer Herstellung benutzte man in den ersten christlichen Jahrhunderten Holz, Ton, Glas oder Metalle verschiedenster Art. Karl der Große veranlaßte 813 den Erzbischof Wulfar von Reims (808-816), zusammen mit seinen Suffraganbischöfen eine Reformsynode abzuhalten, auf der 44 Canones zur „Disciplin" formuliert wurden. Eine dieser Bestimmungen sollte auch die Anfertigung der Kirchengeräte regeln, die nur noch aus Silber und Gold hergestellt werden durften. Lediglich den armen Priestern wurde noch gestattet, einen Zinnkelch zu verwenden. Holz-, Keramik- und auch Glasgefäße wurden in der Folgezeit generell verboten; ebenso untersagt wurde die Verwendung von Kelchen aus Eisen, Kupfer oder Messing, da sich zum Erbrechen reizender Grünspan oder Rost an ihnen bilden könne. Was damals in Reims seinen Anfang nahm, blieb in der katholischen Kirche bis heute geltende „Disciplin", geltendes Recht.2)

Die Reformation schenkte derartigen alten Canones in der Regel keinerlei Beachtung mehr. In den evangelischen Gemeinden ging man „auch hier auf Einfachheit aus", die „häufig nur Zinn zur Anwendung gelangen ließ" und sich auch bei der Verarbeitung in einer „zweckentsprechenden Schlichtheit" äußerte3). Zwar finden sich beispielsweise in der Schloßkirche zu Saarbrücken oder der evangelischen Kirche zu St. Johann Kelche, Abendmahlskannen, Hostienteller, Taufkännchen oder sogar Klingelbeutel aus Silber4), die jedoch aus Stiftungen des nassau-saarbrücker Fürstenhauses herrühren oder Schenkungen reicher Gemeindemitglieder darstellen. Die für die Abendmahlsfeier erforderliche Regelausstattung der evangelischen Kirchen unseres Raumes hingegen bestand ausnahmslos aus Zinngerätschaften.

Ein spätgotischer Zinnkelch

Den ältesten Kelch der Martinskirche zu Kölln förderte am 14. März 1932 eine Baumaßnahme zu Tage. Der Umluftkanal der Kirchenheizung wurde erweitert. Dabei mußte das Bodenniveau des Turmeinganges höher gelegt und damit auch die Turmtür höher gesetzt werden. „Als die Arbeiter dies ausführten, stießen sie unter dem Putz der Chorwand ca. 20 cm tief auf einen Gegenstand, den sie für einen Trichter hielten, der dann aber bald herunterfiel und sich als ein zinnerner Kelch darstellte."5) Der Kelch (Abb. 12), mit einer Höhe von 15,4 cm und einem Lippenranddurchmesser von 7,4/7,6 cm, trägt keine Zinngiessermarke, die auf Ort oder Zeit seiner Entstehung einen deutlichen Hinweis geben könnte. Lediglich am inneren Fußrand ist umlaufend in unbeholfenen Großbuchstaben eingraviert „DIESER KELCH WURDE A..."; der Rest der Inschrift, die wohl das Datum der Wiederauffindung enthielt, ist durch Korrosionsschäden bedingt nicht mehr lesbar.

Die nach oben ausgestellte Kuppa des Kelches entspricht in ihrer Form einem Faustbecher. Aufgesetzt ist dieser auf einen Hohlfuß, dessen Schaft sich nach unten ausweitet und in einem zweifach abgerillten, gewulsteten Stellrand ausläuft, dessen Durchmesser der Kelchöffnung entspricht. Als einzigen „Zierrat" weisen Kuppa und Fußzone lediglich vier umlaufende Doppelrillen auf; ein zeitloses Ornament. Damit steht das gesamte Erscheinungsbild des Abendmahlkelches im Einklang mit den Bedürfnissen der damaligen evangelischen Kirchengemeinden nach Schlichtheit, verbunden mit einem relativ großen Gefäßvolumen. „In den reformierten Gegenden unterscheiden sich die Kelche von denen der katholischen Länder. Sie sind oft größer, und man müßte sie eher als eine Art Becher mit Fuß bezeichnen."6) Vorbilder gleicher Formgebung finden sich insbesondere bei den gefußten Glasbechern, wie sie in den Waldglashütten auch unseres Raumes, vor allem im Warndt[7], hergestellt worden sind. Diese Tatsache erlaubt auch eine Datierung des Kelches. Nach den Krautstrunkbechern und vor den Stengelpokalen liegt zwischen der Mitte und dem Ende des 16. Jahrhunderts die Blütezeit der Fußbecher. Die Zinngießer jener Zeit entlehnten ihre Formen meist denen der Glasbläser und Silberschmiede und umgekehrt. Demnach handelt es sich bei dem vorliegenden Kelch um ein spätestens um 1600 entstandenes, übliches und allgemein verbreitetes „Trinkgefäß" aus Zinn.

In die Amtszeit des dritten evangelischen Pfarrers in Kölln, Philipp Nicolai aus Wellingen, der 1622 sein Amt antrat, fielen die Kirchenplünderungen 1627 der Kaiserlichen Truppen unter Oberst Graf Philipp Kratz von Scharffenstein sowie 1632 durch die von Capitaine de Barre befehligten französischen Truppen. Von der letztgenannten Plünderung hat sich ein zeitgenössischer, von Friedrich Betz verfaßter Bericht[8] erhalten, in dem festgehalten ist, daß „die Kirche in Collerthal uffgebrochen worden, vndt alles verschmissen" worden ist. Altardecken und Chorröcke wurden entwendet, das „kupfferne tauffbecken, vndt tauffkandt haben sie auch samt Schippen vndt hauwen, damit man die Toden gräber gemacht" ebenfalls gestohlen. Von einem bei dieser Ausplünderung der Kirche verloren gegangenen Kelch verzeichnet der Bericht allerdings nichts. Mit großer Gewißheit darf daher angenommen werden, daß Pfarrer Nicolai in jenen Jahren das wertvollste Kirchengerät, nämlich seinen Abendmahlskelch, vor der plündernden Soldateska dadurch in Sicherheit gebracht hat, indem er ihn in die Turmchorwand

Abb. 12: Abendmahlsgerät aus Zinn, um 1600 (Foto: Angelika Klein, Herchenbach).

einmauern ließ. Im Jahr 1632 verstarb die Pfarrersgattin, im Jahr 1634 wütete die Pest. Erst 1683 wurde mit Johann Friedrich Reuß wieder ein evangelischer Pfarrer für Kölln und Schwalbach ordiniert; der eingemauerte Zinnkelch allerdings war und blieb vergessen[9].

Pfarrer Karl Rug fand bei seinem Amtsantritt 1928 im Pfarrhaus ein altes Ciborium (Abb. 12) aus Zinn vor[10]. Diese runde Deckeldose mit einer Höhe von 8,4 cm und einem Bodendurchmesser von 10 cm trägt wie der Zinnkelch eine Doppelrillenverzierung. Boden und Deckel stimmen mit ihrer am Rand leicht ausgeschwungenen Vollfläche überein. Der unfachmännisch ausgeführte Schnitt der Öffnungen deutet darauf hin, daß die Hostiendose aus zwei älteren, möglicherweise spätgotischen Gefäßen (Kannen oder Bechern) privat zu einem Behältnis mit übergreifendem Deckel zurechtgeschnitten wurde. In seiner heutigen Form wurde das als Ciborium dienende Zinngefäß sicherlich nicht vor dem 18. Jahrhundert angefertigt, zumal ältere Ciborien in der Regel eine rechteckige Form und einen kreuzbekrönten Steildachdeckel hatten. In den Köllner Kirchen- und Lagerbüchern findet die vorliegende Hostiendose an keiner Stelle eine Erwähnung.

Ein frühbarocker Vermeilkelch

Bereits im „Ersten Köllner Kirchenbuch"[11], das die Zeit von 1686 bis 1741 umfaßt, wird „ein Überguldet Silberner Kleiner Kelch" (Abb. 13) verzeichnet. Auch in den späteren „Lagerbüchern" wird 1825 „ein silberner zwölf Loth wiegender Krankenkelch"[12] und 1875 „Ein silberner Kelch nebst Patene, schwer 13 1/4 Loth. Wert 8 Th[a]l[e]r, 25 S[ilber]gr[oschen]"[13] aufgeführt. Vermutlich durch die Benutzung als Krankenkelch in der ersten Hälfte des 19. Jahrhunderts war die Vergoldung ziemlich stark berieben, so daß Pfarrer Karl Rug Kelch und Patene 1958 auf Anraten des Saarbrücker Goldschmiedes Rudi Butterbach in Straßburg zum Preis von 12.250 Franken neu vergolden ließ[14].

Der Kelch selbst ist eine Vermeilarbeit aus dem 2. Drittel des 17. Jahrhunderts mit einem Feingehalt von 13 Lot.[15] Aus der sechspassigen, mehrfach fein abgestuften Standfläche schwingt sich ein gekanteter Fuß empor, auf dem zwischen „gedrechselten" Verbindungen ein größerer Birnennodus sitzt;

darüber ist die glatte, am Lippenrand leicht ausgestellte Tulpenkuppa angebracht. Die Patene ist ein flacher, breitrandiger Teller, dessen Vertiefung sich genau in die Kelchöffnung einpaßt. Auf der Standfläche des Kelches ist nach außen unter einem Tremolierstich[16] in einem vertieften Kreisrund ein „N" als Stadtmarke für Nürnberg eingeschlagen[17]. Außerdem befindet sich daneben auch die Meistermarke des Goldschmiedes. In unserer Zeit war man zunächst, einer Vermutung des Studienrates Walter Hannig aus St. Wendel folgend, davon ausgegangen, in dem Kelch die Arbeit eines angeblich in Saarbrücken geborenen, in Nürnberg tätigen Goldschmiedes namens Georg Pfeilstricker zu sehen. Zwar gab es in Nürnberg seit 1626 einen Meister mit diesem Namen, dessen Herkunft jedoch nicht bekannt ist und dessen Marke aus einem großen „G" mit einem anhängenden, kleinen „p" besteht[18]. Auch in den bislang erarbeiteten Einwohnerlisten der Grafschaft Saarbrücken[19] lassen sich unter den Namen „Pfeilsticker" oder „Pfeilstücker" keinerlei Hinweise auf einen Gold- oder Silberschmied finden. Die leicht verschlagene Meistermarke auf dem Stellrand des Kelches zeigt in einer vielfach geschweiften Wappenkartusche einen nach heraldisch rechts aufgerichtet stehenden Hund mit Halsband und Ringelschwanz. Es ist das Zeichen des im 2. Drittel des 17. Jahrhunderts in Nürnberg tätigen Goldschmiedes Carollus Perckmann[20].

Ungeklärt bleibt letztlich, wie dieser Kelch in die Köllner Kirche gelangt ist, in die er offensichtlich

gehört, zumal im Boden des Fußes der Name „Coellen" eingeritzt ist. Mit großer Wahrscheinlichkeit handelt es sich um einen katholischen Meßkelch. Dafür sprechen neben dem für eine evangelische Kirche ungebräuchlichen kostbaren Material und der relativ aufwendigen Gestaltung vor allem die ziemlich kleine Kuppa und der ebenfalls kleine, eingepaßte Hostienteller, die bei der Abendmahlsfeier einer evangelischen Gemeinde völlig unzureichend gewesen wären. So ist wohl die Annahme erlaubt, daß dieser Kelch einem aus dem Kloster Wadgassen abgeordneten Prämonstratensermönch gehört hat, der unter dem Schutz des französischen Intendanten de la Goupillière ab 1685 in der Köllner Martinskirche wieder den Gottesdienst für die katholischen Bürger der Gemeinde versah. Ein in etwa vergleichbarer barocker Kelch befindet sich übrigens in der damals ebenfalls vom Kloster Wadgassen aus seelsorgerisch betreuten katholischen Kirche zu Ensheim[21].

Zinngerät aus der Werkstatt Korn

Zwei Söhne des Wollenwebers und Handelsmannes, des Bürgers der Stadt Saarbrücken Johann Nikolaus Korn (1706-1787), erlernten das Handwerk eines Zinngießers. Es waren dies der 1733 in St. Johann geborene und 1823 in Saarbrücken gestorbene Johann Philipp und der 1745 ebenfalls in St. Johann geborene und 1814 in Saarbrücken gestorbene Johann Nicolaus. Ein Sohn Johann Philipps, 1764 geboren und auf dessen Namen getauft, folgte ihm im Beruf; er starb jedoch schon 1816. Sein Vater hat Sohn und Bruder überlebt.[22] Die von Johann Philipp Korn und seinem gleichnamigen Sohn betriebene Zinngießerei befand sich zwischen der Küfer- und Kirchgasse in Altsaarbrücken, direkt gegenüber der Schloßkirche. Sie firmierten als die Zinngießer Korn „an der Kirch". Auch drei Söhne des Johann Nicolaus Korn, der zwei Häuser unterhalb der Schloßapotheke „an der Brück" seine Werkstätten unterhielt, wurden Zinngießer und arbeiteten in Saarbrücken und Zweibrücken.[23]

Gewissermaßen ein Monopol der Korns „an der Kirch" war in der 2. Hälfte des 18. Jahrhunderts die Herstellung von Kirchengerät-

Abb. 13: Vermeilkelch, Nürnberg, 2. Drittel 17. Jahrhundert (Foto: Angelika Klein, Herchenbach).

Abb. 14: Abendmahlskelch und Ciborium, Korn an der Kirch, Saarbrücken 1759 (Foto: Bildarchiv Saarland Museum).

schaften aus Zinn für die evangelischen Gemeinden des Saarraumes. Wie für die Ausstattung vieler anderer evangelischer Kirchen, so kam auch das Abendmahlsgerät, das Pfarrer Johann Friedrich Rupp 1759 für die Kirchengemeinde Kölln anschaffte, aus der Saarbrücker Zinngießerei Korn „an der Kirch". Der Hostienbehälter in der Form eines Deckelkelches, der Abendmahlskelch (Abb. 14) und die Weinkanne (Abb. 15) trugen als Marke den zu jener Zeit üblichen stehenden Engel mit Schwert und Waage als Garantiezeichen für die Zinnqualität und das zur Rechten des Engels angebrachte „IPK"-Monogramm als Werkstattzeichen[24] des Johann Philipp Korn.

Das Ciborium hat einen runden, gestuften Hohlfuß mit Perlranddekor, einen hochgestülpten Mittelsockel mit Pfeifendekor, einen Schaft mit quergerilltem Nodus, eine fast halbkugelige Kuppa mit Pfeifendekor, einen hochgewölbten Scharnierdeckel

mit Perlrand- und Pfeifenmuster sowie einem Kugelknauf, auf dem ursprünglich wohl noch ein kleines Kreuz angebracht war; es mißt 29,5 cm in der Höhe. Der Kelch für das Abendmahl ist schlichter gearbeitet. Der flach gehaltene, mehrfach abgerillte und seitlich nur leicht ausgewölbte Hohlfuß trägt einen profilierten Schaft mit quergerilltem Nodus, auf dem eine glatte Glockenkuppa mit leicht ausgestelltem Lippenrand sitzt; 24,8 cm beträgt seine Höhe. Die 40 cm hohe Abendmahlskanne mit ihrem zweifach gestuften Hohlfuß zeigt eine schlichte, glatte Birnenform mit oben angesetzter Spitztülle. Der Klappdeckel ist ebenfalls hochgestuft, nach der einen Seite mit einer Spitze zum Abdecken der Tülle, nach der anderen Seite mit einem leicht geschweiften Daumendrücker und oben mit einem Vasenknauf versehen. Auffällig im Dekor ist lediglich der barocke Henkel mit seinem plastischen Engelskopf und den reliefierten Flügeln. Einen ähnlichen Henkel weist übrigens eine silbervergoldete Abendmahlskanne[25] auf, geschaffen von dem Saarbrücker Goldschmied Johann Friedrich Lucius, die Korn 1761 seiner Kirche, der Schloßkirche, gestiftet hat.

Im „Lagerbuch" der Kirchengemeinde Kölln des Jahres 1875 werden noch „Fünf zinnerne Kannen, nebst Kelch" neben anderem Kirchengerät aufgelistet. Das Abendmahlsgerät aus der Zinngießerei Korn wurde zu Beginn unseres Jahrhunderts jedoch von dem damaligen Pfarrer Ernst Rieth an den Püttlinger Arzt W. Plaßmann verkauft[26]. Das Ciborium und der Abendmahlskelche wurden aus Privathand 1926 vom Heimatmuseum der Stadt Saarbrücken[27] erworben; die Abendmahlskanne kam 1994 aus dem Aachener Kunsthandel in den Besitz des Historischen Museums Saar. Ein gleichgestalteter Abendmahlszinnkelch von Johann Philipp Korn der evangelischen Kirchengemeinde Bübingen wurde 1929 vom Heimatmuseum der Stadt Saarbrücken von der Gemeinde selbst angekauft. Auch in der evangelischen Kirchengemeinde Karlsbrunn wurde 1997 ein solcher Kelch „wiederentdeckt"[28]. Formgleiches Kirchengerät aus Zinn wurde übrigens in den zwanziger und dreißiger Jahren des 19. Jahrhunderts von einem Neffen des

Johann Philipp Korn, beispielsweise für die Saarbrücker Schloßkirche und die evangelische Gemeinde in Sulzbach, hergestellt. Pfarrer Christian Matthaei vermerkt im „Lagerbuch" von 1875 auch noch eine Taufkanne und eine zugehörige Taufschüssel aus Zinn[29]. Diese Gerätschaften waren jedoch zusammen mit einem Zinnkelch bereits zum 1. Januar 1873 der Vicariatsgemeinde zu Schwalbach als Geschenk übergeben worden; sie sind dort nicht mehr vorhanden. Auch zwei Abendmahlskannen waren zu einem nicht mehr bestimmbaren Zeitpunkt an die bis zum Jahre 1881 zu Kölln gehörige evangelische Kirchengemeinde in Guichenbach ausgeliehen worden; Nachforschungen über deren Verbleib, die Pfarrer Wilhelm Michel 1910 im Auftrag des Köllner Presbyteriums durchgeführt hatte[30], blieben jedoch ohne einen nachweisbaren Erfolg.

Abb. 16: Abendmahlsgerät, Sy & Wagner, Berlin 1872 (Foto: Angelika Klein, Herchenbach).

Silber und Versilbertes aus Berlin
Mit den auf den Krieg von 1870/71 folgenden Wohlstandsjahren der Gründerzeit in Deutschland

Abb. 15: Abendmahlskanne, Korn an der Kirch 1759 (Foto: Historisches Museum Saar).

einerseits und der stetig steigenden Verwendung von Porzellangeschirren auf der anderen Seite war der Untergang der Zinngießereien besiegelt. Die evangelischen Kirchengemeinden versahen sich mit Abendmahlsgeräten aus Silber oder wenigstens versilbertem Metall. Auch in Kölln dachte man zu jener Zeit an den Erwerb eines neuen Abendmahl- und Taufgerätes. Mittels „freiwilliger Beiträge, welche von den Frauen in den einzelnen Gemeinden eingesammelt wurden", gelang es, das erforderliche Geld zum Ankauf der neuen Geräte aufzubringen[31], die bis heute bei den Abendmahlsfeiern oder Taufen in der Gemeinde ihre Verwendung finden.

Die Goldschmiedefirma „Sy & Wagner" in Berlin hat 1872 die neuen Geräte geliefert. Um die Mitte des 19. Jahrhunderts hatten Albert Wagner (1826-?) und François Louis Jérémie Sy (1827-1881) ihr gemeinsames Unternehmen begründet, das sich zunächst als Gold- und Silberschmiede, später immer mehr als Schmuckwerkstatt in Berlin einen Namen machte[32]. Das wertvollste und mit 65 Talern auch das teuerste Objekt, das die Köllner Kirchengemeinde von dieser Firma bezog, war ein Abendmahlskelch in passendem Futteral. Dazu gehörten noch eine Patene und ein Ciborium (Abb. 16). Alle drei Teile tragen das Herstellerzeichen „SY & WAGNER"; die bei Kelch und Patene außerdem eingeprägte Zahl „750" gibt den Gehalt an reinem Silber an. Auf dem runden, leicht gewölbten Standring des Kelches schwingt sich ein achtfach gekanteter Schaft empor, der sich stetig verjüngt und in der oberen Hälfte von einem mit Nagelköpfen verzierten Nodus unterbrochen wird. Eine schmale Zierkrone trägt den glatten Glockenkelch mit seinem leicht verdickten Lippenrand. Auf der Schauseite der Kuppa zeigt der Kelch als einzige, schlichte Verzierung ein Kleeblattkreuz. Die Kelchhöhe beträgt 22,8 cm, 13 cm mißt die Öffnung der innen vergoldeten Kuppa. Die breitrandige, tellerförmige Patene mit einem Durchmesser von 18,7 cm ist auf ihrer Fahne ebenfalls mit einem aufgelegten Kleeblattkreuz versehen. Das gleiche Kreuz ziert auch den Deckelknauf der insgesamt flach gehaltenen, runden Hostiendose. Dieses Ciborium ist aufwendiger dekoriert; mit gotischen Fensterbögen auf dem Deckel und einem quadratisch gegliederten, auf der Wandung umlaufenden Kreuzband. In dem bereits erwähnten Lagerbuch sind nur der Abendmahlskelch und die Patene eigens aufgelistet. Das Ciborium wurde ebenfalls von Sy & Wagner in Berlin hergestellt. Es wird auch im gleichen Futteralkasten aufbewahrt; dennoch ist nicht auszuschließen, daß es möglicherweise erst später erworben wurde. Es trägt zudem kein Zeichen für den Feingehalt an Silber neben der Herstellermarke, ist innen vergoldet und wurde 1958 außen neu versilbert[33].

Zwei 37,1 cm hohe Abendmahlskannen aus versilbertem Messing (Abb. 18) sind ihrer Gestaltung nach ebenfalls Erzeugnisse der Berliner Firma Sy & Wagner. Sie sind wie das Ciborium mit gotischen Fensterbögen dekoriert und tragen auf der Spitze ihres Scharnierdeckels ebenfalls ein Kleeblattkreuz. Es könnte sich dabei um die beiden Abendmahlskannen handeln, die wohl um 1881/82 an die evangelische Kirchengemeinde zu Guichenbach ausgeliehen worden waren[34]. – Bei einem ebenfalls noch vorhandenen, aus Kelch, Patene und Ciborium in passendem Futteral bestehenden, versilberten Hausabendmahlsgerät (Abb. 17) des späten 19. Jahrhunderts lassen sich weder Hersteller noch Anschaffungsdatum nachweisen. – Eine heutzutage benutzte, versilberte Abendmahlskanne wurde zum 4. Advent 1953 von dem damaligen Pfarrer Karl Rug gestiftet.

Aus versilbertem Messing besteht das Taufgerät, das vermutlich zusammen mit dem Ciborium angeschafft worden ist. Neben der Firmenmarke von Sy & Wagner ist die Bezeichnung „Doublé" für unedles, silberplattiertes Metall eingeschlagen. Die Taufkanne steht auf einem runden, dreifach gestuften Fuß mit einem Durchmesser von 11 cm; ihre gesamte Höhe beträgt 28,6 cm einschließlich des Deckels. Der Bandhenkel wächst aus einem reliefierten Blatt empor und endet am oberen Ansatz in einer Blüte. Unter dem Schnabelausguß ist ein Ziermedaillon zu sehen, in dem eine Taube mit einem Ölzweig dargestellt ist. Der Knauf des Scharnierdeckels ist als ein an den Enden betontes, lateinisches Kreuz ausgestaltet. Die 6 cm hohe Taufschale hat einen Durchmesser von 33,5 cm. Auf ihr ist ein Bibelzitat zu lesen: *„Lasset die Kindlein zu mir kommen, und wehret ihnen nicht, denn solcher ist das Reich Gottes."* Das Zitat ist mit der Angabe der Textstelle *„Ev[angelium] Marc[us] [Kapitel] 10 [Vers] 14"* versehen und schließt mit einer Kreuzesdarstellung ab.

Sonstige Gerätschaften des 19. und 20. Jahrhunderts

Zur Ausstattung des Altartisches sind im Jahr 1893 ein Kreuz und zwei Leuchter gestiftet worden. Pfarrer Karl Rug erwähnt in diesem Zusammenhang einen

Abb. 17: Hausabendmahlsgerät, Ende 19. Jahrhundert (Foto: Angelika Klein, Herchenbach).

Abb. 18: Altarkreuz 1893 und zwei Abendmahlskannen 1872 (Foto: Angelika Klein, Herchenbach).

25,8 cm in der Breite. Das dazugehörige Leuchterpaar ist nicht mehr auffindbar. Alle drei Teile waren aus Messing gearbeitet und versilbert. – Heute werden ein Kreuz und zwei Leuchter aus Schmiedeeisen als Altargerät verwendet, die der Kesselschmied Christian Rug, der Vater des Pfarrers Karl Rug, während des Zweiten Weltkrieges hergestellt hat.

Aus den Anfangsjahren des 20. Jahrhunderts sind noch zwei verschiedene, aus Messing gefertigte Opferbüchsen vorhanden[37]. Die kleinere, mit einer Höhe von 14 cm, ist eine schlichte Zylinderbüchse mit Kegeldeckel und Münztrichter sowie einem glatten Bandhenkel. Die zweite, mit einer Höhe von 17,3 cm auch größere, ist aus zwei Halbkugeln gebildet; sie ist in der Mitte mit einem Perlband verziert und weist seitlich zwei geschwungene Bandhenkel auf. Als Nachweis ihrer im Jahr 1912 erfolgten Schenkung ist auf dem Korpus die folgende Beschriftung eingraviert: *„Geschenk / der Ehel[eute] Ludwig Schmidt u[nd] Luise Nicolay / aus Engelfangen / z[um] Andenken an ihren Sohn Peter * 20. Juni 1889 / + am 4. August 1912 als Marinesoldat / zu Wilhelmshaven"* (Abb. 19).

Peter Krebs aus Sellerbach als den Stifter dieser Altargeräte[35]; ein Leineweber namens Andreas Krebs war 1720 im Gemeindebezirk ansässig geworden[36], und vermutlich handelt es sich bei dem Stifter um einen Nachkommen dieser Familie. Das Altarkreuz (Abb. 18) steht auf einem runden, gestuften Hohlfuß mit einem glatten Säulenschaft. Das untere Stammende ist als gotisierendes Kleeblatt gestaltet. Das obere Ende des Stamms und auch die Enden des Querbalkens enden in einer heraldischen Lilie. In den vier Zwickeln ist ebenfalls eine aus zwei dreiblättrigen Zweigen herauswachsende Lilie angebracht.

Der vollplastische, 17 cm hohe Christuskorpus und das INRI-Schriftband sind auf dem flach gehaltenen, seitlich profilierten Stamm aufgeschraubt. Das Altarkreuz mißt insgesamt 63,8 cm in der Höhe und

Abb. 19: Sammelbüchsen aus Messing, Anfang 20. Jahrhundert (Foto: Angelika Klein, Herchenbach).

Anmerkungen

1) J. Braun, Das christliche Altargerät in seiner geschichtlichen Entwicklung, o.O. 1931.

2) Vgl. hierzu die Stichworte „Kelch" und „Reims" in dem von Joseph Hergenröther u. Franz Kaulen neu bearbeiteten „Wetzer und Welte's Kirchenlexikon", 2. Aufl. Freiburg; hier: Bd. 7, 1891, Sp. 353-361 bzw. Bd. 10, 1897, Sp. 968-981.

3) Walther Zimmermann, Das evangelische Kirchengerät. In: Ernst Gillmann (Hrsg.), Unsere Kirche im rheinischen Oberland, Simmern 1954, S. 479-488; Zimmermann bedauert an dieser Stelle die in der evangelischen Kirche oft herrschende „Verständnislosigkeit gegenüber ihrer [der Geräte] Schönheit und Eigenart".

4) Vgl. hierzu die Auflistungen bei Walther Zimmermann, Die Kunstdenkmäler der Stadt und des Landkreises Saarbrücken, Düsseldorf 1932, S. 89f. bzw. S. 184f.

5) Ev. Pfarrarchiv Kölln: Chronik der Kirchengemeinde Kölln, Bd. I (1927-1949), Eintrag vom 13. April 1932. Ein späterer Eintrag, ebd., Bd. II (1950-1968), vom 23. Oktober 1964, besagt, daß der aufgefundene Abendmahlskelch von dem Zinngießer Ernst Lossa in Landstuhl gegen die Zinnpest behandelt worden ist.

6) Vgl. hierzu den Abschnitt „Liturgische Zinngeräte" bei Philipp Boucaud u. Claude Frégnac, Zinn. Die ganze Welt des Zinns von den Anfängen bis ins 19. Jahrhundert, Bern u. München 1978, S. 31-57, S. 33.

7) Günter Scharwath, Formen und Farben des Hohlglases in der Saargegend, in: Heimatkundl. Verein Warndt e.V. (Hrsg.), Die Glashütten im Warndt, Völklingen-Ludweiler 1999, S. 157-162.

8) Friedrich Betz war Unterhändler des nassauischen Amtmannes Philipp Georg von Piesport. Der Bericht in LA Saarbrücken, Best. 22, Nr. 2503, S. 79.

9) Vgl. zu dem vorstehenden Abschnitt den Beitrag von Conrad, S. 7.

10) Chronik der Kirchengemeinde Kölln, Bd. II (wie Anm. 5).

11) Ev. Pfarrarchiv Kölln: Erstes Köllner Kirchenbuch 1686-1741, S. 159.

12) Ev. Pfarrarchiv Kölln: A2/1, Lagerbuch 1825, Titel B, Ziffer 19.

13) Ev. Pfarrarchiv Kölln: A2/2, Lagerbuch 1875, Titel V, Ziffer 10.

14) Chronik der Kirchengemeinde Kölln, Bd. II (wie Anm. 5), Eintrag vom 10. Dezember 1958.

15) Vermeil bedeutet eine ganzflächig feuervergoldete Silberarbeit. Lot ist eine Verhältniszahl, die sich auf das Gesamtgewicht bezieht; so waren 16/16 Lot reines Silber; 13/16 Lot entsprechen einem Silberanteil von 812.5 Tausendstel.

16) Der Tremolierstich bildet eine zickzackförmig geführte Stichlinie; an dieser Stelle wurde durch den Beschaumeister ein feiner Metallspan zur Überprüfung des Feingehaltes entnommen.

17) Marc Rosenberg, Der Goldschmiede Merkzeichen, 3. Aufl., Bd. 3, Frankfurt am Main 1925, Nr. 3761.

18) Ebd., Nr. 4201. – Die Patene ist ungemarkt.

19) Ludwig Luckenbill, Die Einwohner der ehemaligen Grafschaft Saarbrücken vor 1700, Saarbrücken 1869, Nr. 3039-3099.

20) Rosenberg (wie Anm. 17), Nr. 4230/31.

21) Joachim Conrad / Stefan Flesch, Notizen aus der Geschichte Ensheims, in: Saarpfalz 1987, Heft 2, S. 29-42.

22) Anton Korn / Peter Werth, Stammfolge Familie Korn, 2. Aufl. München 1994.

23) Günter Scharwath, Zinngießer an der Saar, in: Miniaturen zur Kunst- und Kulturgeschichte der Saarregion, hrsg. von Christof Trepesch, Saarbrücken 1999, S. 73-78 (m. Abb.).

24) Zimmermann (wie Anm. 4), S. 298: Zinngieszermarken Nr. 2.

25) Ebd. S. 90, Abb. 54.

26) Ev. Pfarrarchiv Kölln: Lagerbuch 1875 (wie Anm. 13), Ziffer 12. – Ebd., Chronik der Kirchengemeinde Kölln, Bd. II, (wie Anm. 5), Eintrag vom 13. April 1932. – Vgl. hierzu auch Karl Rug, Die Martinskirche zu Köllertal und ihre Ausstattung. In: Die Schule, 8 (1955), S. 238-244 (m. Abb.).

27) Günter Scharwath, Das Heimatmuseum der Stadt Saarbrücken 1924-1937 (=thema, Monographien zur Kunst- und Kulturgeschichte der Saarregion, Band 7), Walsheim 1999, S. 12.

28) Abgebildet in „Das Echo", Gemeindebrief der ev. Kirchengemeinde Karlsbrunn, Febr.-April 1998, S. 4. – Der Kelch wird von Walther Zimmermann (s. Anm. 4) nicht erwähnt.

29) Ev. Pfarrarchiv Kölln: Lagerbuch 1875 (wie Anm. 13), Ziffer 11.

30) Ev. Pfarrarchiv Kölln: Protokollbuch des Presbyteriums der evangelischen Kirchengemeinde Kölln, 1906-1922, S. 46, Ziffer 3, Eintrag vom 24. Februar 1910.

31) Ev. Pfarrarchiv Kölln: Lagerbuch 1875 (wie Anm. 13), Ziffer 26.

32) Christiane Weber, Schmuck der 20er und 30er Jahre in Deutschland, Stuttgart 1990, S. 63, 327 u. Markentafel Nr. 105.

33) Vgl. hierzu Anm. 14.

34) Vgl. hierzu Anm. 30 und den zugehörigen Text.

35) Ev. Pfarrarchiv Kölln: Protokoll der Kreissynode Saarbrücken vom 21. Juni 1893, S. 17, sowie die entspr. Aufzeichnungen des Pfarrers Karl Rug.

36) Namensverzeichnis evangelischer Familien der Kirchengemeinde Kölln/Saar [...] Von ca. 1650 bis 1815. Aufgestellt im Brachet 1934 durch Pfarrer Karl Rug/Kölln. Maschinenschrift, im Besitz des Verfassers.

37) Diese und etliche andere Angaben verdanke ich Herrn Dr. theol. Joachim Conrad, dem ich für seine frdl. Hilfsbereitschaft recht herzlich danke.

Rainer Knauf
Der Kirchhof der Martinskirche und seine Grabmale

Zur Geschichte des Kirchhofs

Die Martinskirche von Kölln, in der Ortsmitte von Köllerbach-Kölln gelegen, hat noch ihren alten sie umgebenden Friedhofsbereich.[1] In der Denkmalliste des Staatlichen Konservatoramtes des Saarlandes wird er nicht eigens erwähnt, dürfte aber als Bestandteil des Einzeldenkmals Martinskirche anzusehen sein. Funde alter Sarkophage bei Grabungen in der Kirche legen eine Nutzung des Terrains zu Bestattungszwecken seit dem Mittelalter nahe. Ein auf der Nordseite der Kirche durch Grabungen nachgewiesener Anbau vom Ende des 12. Jahrhunderts, der im 18. Jahrhundert abgebrochen wurde, diente möglicherweise als Beinhaus.[2] Hierfür spricht auch die Tatsache, daß das Fundament eines Strebepfeilers auf der Nordseite, den man bei Reparaturarbeiten 1876 vollständig entfernte, vorwiegend aus „Todtengebeinen" bestand.[3]

Nach Einführung der Reformation 1575 wurde auch der Kirchhof protestantisch. In den Réunionskriegen kam das Gebiet unter französische Verwaltung, die um 1685 die Mitbenutzung der evangelischen Kirche durch die Katholiken verfügte. Das Simultaneum galt ebenso für den Kirchhof. Im Jahr 1825 betrug seine Größe 18 Ar 16 qm.[4] 1855 einigten sich die evangelische und die katholische Pfarrgemeinde mit den beiden Nebenlägern des Kirchhofs, Peter Altmeyer und Jakob Kreutzer, „beide Ackerer zu Kölln", über den Ankauf ihrer Gärten zwecks Vergrößerung des Kirchhofs, der schließlich auf eine Größe von 30,38 Ar erweitert wurde.[5] Untereinander schlossen die beiden Gemeinden am 11. März 1855 folgendes Übereinkommen:

„1. Der Kirchhof wird so getheilt (...), daß der obere Theil ein Zehntel größer wird als der untere (...), wobei jedoch die beiden Wege nicht gemessen werden.
2. Die katholische Gemeinde erhält den oberen Teil [= westlichen Teil, zur Dorf- bzw. Sprengerstr. hin, Anm. d. Verf.] und es verbleibt das Recht, wie bisher bei Prozessionen einen Umgang um die Kirche zu halten, ohne aber daß dadurch die evangelische Gemeinde in Benutzung ihres Teiles gehemmt sein soll.
3. Die bisherigen Begräbnisse der einen Konfession, welche durch diese Teilung in Besitz der anderen Konfession kommen sollten, sollen vor Ablauf von 12 Jahren nicht geöffnet werden.

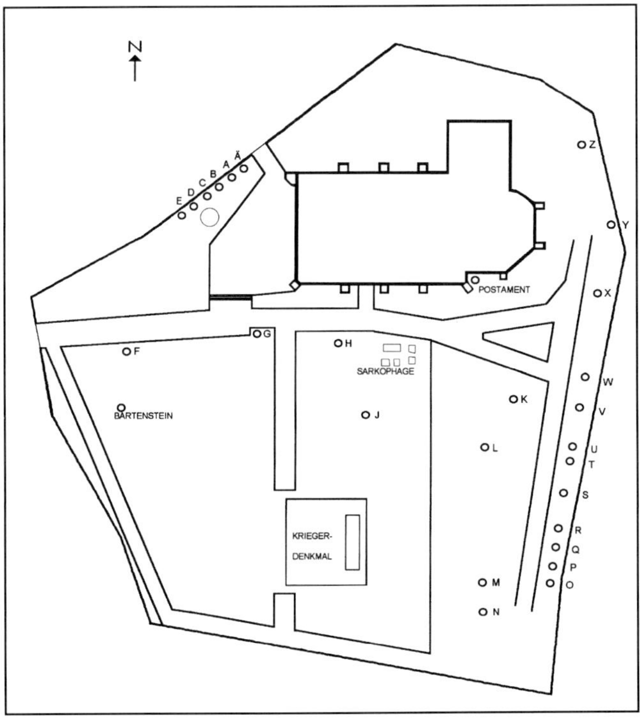

Abb. 20: Orientierungsplan Kirchhof Kölln (Zeichnung: Rainer Knauf).

4. Der Kaufpreis wird von beiden Pfarrgemeinden (für den neuen Teil) gleichmäßig getragen, so daß die katholische Gemeinde ein Zehntel mehr trägt als die evangelische.

5. Jede Gemeinde baut und unterhält künftig die Mauer an dem ihr zustehenden Teile des Kirchhofs. Die Wege aber, sowie die Türen werden gemeinsam angelegt und unterhalten."

Das Eigentumsrecht lag, wie zuvor, weiterhin bei der evangelischen Gemeinde, wie ein Streit zwischen den Gemeinden im Jahr 1894 wegen Fällung einer Kastanie auf dem Kirchhof durch die katholische Kirchengemeinde offenbart. Die evangelische Gemeinde protestierte, setzte ihren Anspruch durch und ließ den gefällten Baum zugunsten der evangelischen Kirchenkasse versteigern. „Um des Friedens willen" wurde von einem gerichtlichen Verfahren abgesehen.[6]

Bereits 1865 erschien der Friedhof für die Katholiken zu klein. Da wenig später, um 1870, in Güchenbach ein neuer Friedhof angelegt wurde, sah man in Kölln vorerst ab von der Anlage eines neuen Friedhofes außerhalb der Gemeinde.[7] Erst 1902 sollte Kölln einen neuen Friedhof erhalten, was zugleich die Schließung des Friedhofes an der Martinskirche bedeutete.[8] Der neue Friedhof, nach dem Hermesbachtal gelegen, wurde am 4. November 1902 mit der Beisetzung des im Lazarett zu Völklingen drei Tage zuvor achtzehnjährig verstorbenen Bergmannes Theodor Sander aus Etzenhofen eingeweiht.[9] Die Frage, ob die Grabreden nun noch auf dem Kirchhof oder in der Kirche gehalten werden sollten, wurde dahingehend entschieden, daß sie am Grab stattfinden sollten.[10]

Die endgültige Schließung bzw. Aufhebung des Kirchhofes an der Martinskirche erfolgte im März 1934.[11]

Kirchhofsanlage

Der an einem Hang an der Sprengerstraße gelegene Kirchhof ist mit einer sandsteinernen Mauer eingefriedet. Die ältesten Teile der Mauer befinden sich nördlich von der Kirche und im Osten, bis auf Höhe der Grabmale S und R, wo sich früher ein Treppenaufgang zum Kirchhof befand. Sie wurden 1984 restauriert.[12] Das Bruchsteinmauerwerk trägt eine satteldachartige Bekrönung und ist zur Talseite hin

mit Strebepfeilern abgestützt. Der Haupteingang des Kirchhofs liegt im Westen, an der Sprengerstraße. Er besitzt ein zweiflügeliges Metallgittertor mit Rautenmuster mit integrierter Lutherrose links und „PX" rechts. Der Mauerabschnitt bis zum Nebeneingang bei der Nordwestecke der Kirche wurde 1964 erneuert unter Verwendung der historischen Mauersubstanz. Bereits früher durch Pfarrer Rug hier eingemauerte Grabmale und Grabmalfragmente wurden dabei durch weitere aufgefundene Bruchstücke von Grabkreuzen ergänzt.[13] Die Mauer südlich vom Hauptportal ist mehrfach abgestuft. Sie wurde, nachdem sie bereits in den 1930er Jahren verändert worden war, bis hin zum ehemaligen Treppenaufgang an der Ostseite im Jahr 1954 erneuert.[14] Die Ausführung erfolgte in unregelmäßigem bossiertem Schichtmauerwerk „nach altdeutscher Art (...) also mit verschieden breiten Schichten unter teilweiser Hochstellung einiger Steine", und mit einer satteldachartigen Bekrönung. Die Erneuerung der Mauer erfolgte im Zusammenhang mit dem Neubau bzw. der Verbreiterung der Sprengerstraße und bedingte dort eine Zurücksetzung um einige Meter, so daß das Kirchhofsterrain heute eine Größe von 27,31 Ar aufweist.[15]

Alte Fotos vom Ende des 19. Jahrhunderts und aus den 1920er Jahren (Abb. 1 u. 3) zeigen noch die überwiegend mit Holzkreuzen bestandenen Gräberreihen inmitten von Wildwuchs.[16] Im Zusammenhang mit seiner Aufhebung wurde der Kirchhof in den 1930er Jahren eingeebnet. Einige alte Grabsteine, deren kulturgeschichtliche Bedeutung man bereits erkannte, stellte man dabei – quasi museal – in den Grünanlagen auf.[17]

Abb. 21: Sarkophage auf der Südseite der Martinskirche (Foto: Rainer Knauf).

Das Wegenetz ist heute rudimentär, die Wege sind teilweise mit Bruchsteinen eingefaßt. Die Fläche ist überwiegend mit Rasen, vereinzelt mit Sträuchern bepflanzt. Der alte Baumbestand, der 1951 systematisch erfaßt wurde[18] – damals stellte man neben einigen Roßkastanien, Eschen, Nordmannstannen und Lebensbäumen eine Sommerlinde, eine Traueresche und einen Spitzahornbaum fest – ist noch weitgehend erhalten und steht unter Naturschutz. Er wird im Süden und Osten durch einige Tannen neueren Datums ergänzt. Neben den im nachstehenden Katalog aufgelisteten Grabmalen befinden sich auf dem Kirchhof noch drei alte Sarkophage, ein Wetzrillenstein und ein Kriegerdenkmal.

Sarkophage

Nahe beim Südeingang der Kirche stehen drei sandsteinerne Sarkophage auf einer mit Sandsteinplatten ausgelegten Fläche. Sie wurden 1929 bei Ausgrabungen in der Kirche entdeckt und datieren möglicherweise schon aus vorkarolingischer Zeit.[19] Zwei der Sarkophage sind in der Mitte auseinandergebrochen, bei dem östlichen

Abb. 22: Wetzrillenstein (Bartenstein) von Westen (Foto: Rainer Knauf).

Abb. 23: Kriegerdenkmal (Foto: Rainer Knauf).

fehlt dabei noch das Mittelstück; die beiden vorderen (westlichen) Sarkophage stehen auf Fußblöcken, wobei ein Fußblock des südlichen Sarkophages umherliegt. Sarkophagdeckel sind nicht vorhanden.

Wetzrillenstein (Bartenstein)

Im Südwesten des Kirchhofes, nahe dem Haupteingang, steht ein sogenannter Wetzrillen- bzw. Bartenstein, ein hochrechteckiger, stark verwitterter, allseitig mit vertikalen Rillen versehener Block auf neuerem zweistufigem Sockel, aus rotem Sandstein, H 141, B 49, T 44.[20] Der kubische Block, der in der Vergangenheit an verschiedenen Stellen der Kirchhofsmauer eingesetzt gewesen war und möglicherweise ursprünglich ein Teil der Köllertaler Gerichtssäule bildete, wurde in den 1950er Jahren durch Pfarrer Rug geborgen und schließlich auf einem neuen Postament an seinem heutigen Standort aufgestellt.[21]

Kriegerdenkmal

Im südlichen Teil des Kirchhofs ist eine nahezu quadratische Fläche mit Sandstein-Platten ausgelegt. Ihr hinterer Abschluß bildet ein Kriegerdenkmal aus rotem Sandstein, H 353, B 390, T 125. Auf einem breitgelagerten Postament, das von niedrigeren Wangen flankiert wird, steht die überlebensgroße Figur eines Soldaten im langen Mantel, mit Stahlhelm, ein auf dem Boden stehendes Gewehr mit beiden Händen am Lauf vor sich haltend, nach vorne blickend. Die Inschriften in Bronzebuchstaben,

Grotesk, lauten: am Postament, über einem bronze-
nen „Eisernen Kreuz": DEN OPFERN / DER KRIEGE /;
an der linken Postamentwange: 1914-1918 /; an der
rechten Postamentwange: 1939-1945 /.
Die Große Gemeindevertretung (Repräsentation)
hatte am 7. November 1933 die Verpachtung
eines Teils des Kirchhofs an die Zivilgemeinde auf
99 Jahre zur Errichtung eines Kriegerdenkmales
beschlossen.[22] Am 11. November 1934 wurde hier
ein Kriegerdenkmal, das einen deutschen Soldaten
auf einem Sockel darstellte und die Inschrift
„UNSEREN HELDEN 1914 (Eisernes Kreuz) 1918"
trug, nebst einer Tafel mit 106 Köllerbacher Namen
der im Ersten Weltkrieg Gefallenen enthüllt. Das
Denkmal war nach Entwurf des saarländischen Bild-
hauers Wilhelm Knapp (1901-1972) in Klinker durch
Villeroy & Boch, Mettlach, ausgeführt worden. Auf
Veranlassung der französischen Militärregierung
wurde im Herbst 1947 die Figur zerstört und durch
eine von einem Grabstein auf dem Friedhof in
Köllerbach entnommene Engelsfigur ersetzt, das
Eiserne Kreuz zwischen den Jahreszahlen wurde
entfernt.[23] 1957 wurde das Denkmal in Anlehnung
an seine ursprüngliche Gestalt in Sandstein renoviert
und am Volkstrauertag, dem 17. November 1957 als
Denkmal für die Gefallenen beider Weltkriege im
Beisein zahlreicher Ehrengäste und der Geistlichen
beider Konfessionen wieder eingeweiht.[24]

Katalog der Grabmale[25]

Auf dem Kirchhof der Martinskirche sind heute noch
25 Grabmale oder Teile davon erhalten, des weiteren ein barockes Kreuzpostament (E) und eine Sand-
steinplatte, die sich an der Südseite des Chores
der Martinskirche befindet und als Teil eines Posta-
mentes zu deuten sein dürfte. Grabeinfassungen
existieren keine. Zwei durch Pfarrer Rug belegte
Bruchstücke eines Kreuzstammes in Herzform mit
der Inschrift „in sauberer römischer Kapitalschrift"
(Antiqua) „VND HAT / ES HAVEN LASSEN / DER
EHRSAME IACOB / FELT VERHEURATH. AN /"[26] konn-
ten nicht mehr nachgewiesen werden.
Die erhaltenen Grabmale und Fragmente sind zwischen 1802 und 1901 entstanden. Sie befinden sich
überwiegend nicht mehr an ihren ursprünglichen
Standorten, ihre heutige Lage ist aus dem Orientierungsplan ersichtlich. An den Grabmalen hat die

Verwitterung unterschiedlich stark ihre Spuren hin-
terlassen. Zweiundzwanzig bestehen aus Sandstein,
bei ihnen findet man die für dieses Gestein üblichen
Ausprägungen der Verwitterung wie Verfärbung,
Schalenbildung, Abblätterung, Abplatzung, Auf-
rauhung, Anlösung, Krustenbildung und Absandung,
teilweise auch Moos-, Algen- und Flechtenbewuchs.
Hinzu kommen Beschädigungen durch Gewaltein-
wirkung, z.B. Brüche und Löcher. Die Inschriften sind
unterschiedlich stark von diesen Schäden betroffen
und teilweise nicht mehr zu entziffern.

Ä: Grabmal Altpeter (vermutlich)

In die Mauer eingelassenes Kreuzfragment, roter
Sandstein, H ca. 44, B ca. 39. Herzförmiger Stamm
eines Kreuzes, zum Fuß, d. h. nach unten hin sich
verbreiternd, so daß die Flanken gekehlt erscheinen
(entspricht dem Kreuzstamm des Grabmals F,
Johannes Rup), Kreuzfuß und Querbalken mit Kopf
fehlen; von der Herzform ist oben noch ein schlicht
profilierter Rand zu erkennen. Inschrift in keilförmig
eingetiefter ungelenker Antiqua:
DIESES KRETZ / hAT MACh EN LASE[N] / GORG [ALT-
PET] / ER / VON hEN [evtl. I-N-Ligatur, also: hEIN] /
RIChEN HAUS / DEN 24 O[CT]Ob / 1825 /[27]
[Georg Altpeter, * 01.04.1791 Kölln, † 18.11.1841
Dudweiler, ∞ 20.09.1814 mit Kath. Luise Wahlster, *
20.12.1790[28]].

A: Grabmal des Matteis Brins von Ezenhofen

In die Mauer eingelassenes Kreuzfragment, roter
Sandstein, H ca. 14, B ca. 45. Querbalken eines Kreu-
zes, die Enden leicht angespitzt, mit erhabenem
Rand (vgl. Grabmal G, Mathias Schaeffer von Stras-
sen), in der Mitte durchgebrochen. Inschriften: Im
Zentrum erhabenes „IHS" flankiert von keilförmig
eingetiefter Inschrift:
Links: hODIIO /   Rechts: MIChI /
     eT In KUR /   AS TIBI /[29]
Die nicht sichtbare Rückseite trägt die Inschrift (nach
Rug):
Matteis BRINS VON EZENHOFEN / GEBOHREN DEN
4 Sepdember 1810 / UND GESTORBEN DEN 21 MERZ /
1819 UND /
Diesem Fragment ist möglicherweise der herzförmige
Kreuzstamm beim Grabmal D, Matias Felt von
Aetzenhofen, zuzuordnen.

B: Grabmal der Maria Odilia Stein

In die Mauer eingelassene hochgelagerte Stele mit von Kehle gerahmtem Inschriftenfeld, Sandstein, H ca. 154, B ca. 64, T ca. 17. Inschrift in keilförmig eingetiefter Antiqua, oben „IHS" mit lateinischem Kreuz auf dem Querbalken des „H", das flankiert wird von „IИ" und „RI" (= INRI), darunter:
HIER · RUHT / MARIA · ODILIA / STEIN · GEBOH / RENE · SCHMIDT / GEBOH · ANNO / 1739 · GEST / den · 2I / OCTOBER / · 1814 · /
[Maria Odilia Schmidt, röm. kath., Wwe des Joseph Stein, † 21.10.1813 (sic!) Kölln.[30]]
Keuth zufolge war die Tafelform des Grabsteines „auf evgl. Friedhöfen üblich. Es fehlen die Perl-kränze, die auch an der Saar auf Gräbern der Katho-liken zeitweise fast ausschließlich den Schmuck bestimmten."[31]

C: Grabmal des G(e)org Abbed

Zwei in die Mauer eingelassene Kreuzfragmente, Sandstein, Kreuzoberteil, H 34, B 53, und Teil des Stammes, H ca. 23, B ca. 45. Kreuzoberteil (Kopf und Querbalken), mit Schwellungen an den leicht angespitzten Balkenenden (abgewandeltes Klee-blatt- bzw. Dreipaßmotiv) und mit Umrißnut, in drei Teile zerbrochen; Teil des herzförmig ausgeweiteten Stammes mit erhabenem Rand (vgl. Grabmal F, Johannes Rup). Keilförmig eingetiefte Inschriften, am Kreuzoberteil:
hIR / RuheT / deR / dUGeT / SAme GORG Abbed VOn RITen / hOFen Seln ALTeR VAR 64 IAhR /
Inschriften der nicht sichtbaren Rückseite (nach Rug):
IESU. IN. DEINE HENDE. BE / FEHL. ICH ... GEIST /
Am Teil des Stammes:
b... den I3. mERT[Z] / I82I dIeS KReITZ hAT / MAchen LAS[e]n / [Se]Ine ehFR[AU] /[32]

D: Grabmal des Matias Felt von Aetzenhofen

Zwei in die Mauer eingelassene Kreuzfragmente, Sandstein, Querbalken, H 15,5, B 50,5, und Teil des Stammes, H ca. 29, B 39. Querbalken mit Schwel-lungen an den leicht angespitzten Balkenenden (abgewandeltes Kleeblatt- bzw. Dreipaßmotiv) und mit Umrißnut, sowie Teil des herzförmig ausgewei-teten Stammes mit erhabenem Rand (vgl. Grabmal G, Mathias Schaeffer von Strassen). Keilförmig ein-getiefte Inschriften, am Querbalken:

MATIAS · FELT VON AETZENbOFEN IST / GeSTORBen · Den 8Ten IUNII I8I7 /
[Johann Matthias Feld, Ackerer, röm. kath., Sohn von Johann Jacob Feld und Rosina geb. Bernhard, * 27.12.1763 in Sellerbach, † 07. (sic!) 06.1817 in Etzenhofen, ∞ 22.07.1794 in Kölln mit Anna geb. Becker, geb. in Etzenhofen, getauft 24.03.1771 in Kölln, † 31.03.1835 in Etzenhofen; sieben Kinder bezeugt.][33]
Inschriften der nicht sichtbaren Rückseite (nach Rug):
O Mensch   gedehenk / das du ster ben must /
In der Mitte das IHS mit einem Kreuz auf dem Quer-balken des H. Am Teil des Stammes:
... / BRInS / Und BAR- / BARA BeK eR VOn / eZen-hOBen hABen / AUF / RICh Ten / LASen I8I9 /[34]
Der herzförmige Stamm gehört möglicherweise zum Grabmalfragment A, Matteis Brinz von Ezenhofen.

E: Postament eines barocken Wegekreuzes

In die Mauer eingelassenes stelenartiges Postament, Sandstein, H 125, B 69, T 28. Hochgelagertes Posta-ment mit geschwungener, in der Mitte bauchig ausladender Form, unten und oben abgesetzte

Abb. 24: Postament eines barocken Wegekreuzes (Foto: Rainer Knauf).

Sockel- und Abschlußzone; an der Schauseite mittig querovales Feld mit erhabenem Rand, überfangen von reliefierter, von stilisiertem Blattwerk flankierter Blüte und unterfangen von reliefierter Lilie zwischen volutenartigen Ornamenten. Auf dem Postament zurückspringende Plinthe. Keine Inschriften erkennbar. Ein in den 1920er Jahren von Hermann Keuth aufgenommenes Foto im Archiv der Alten Sammlung des Saarland Museums (Nr. 1668) zeigt das Postament an seinem vorherigen Standort, links vor dem Hauptportal des Kirchhofs. Es trägt noch eine überkragende profilierte Abschlußplatte und einen mächtigen Kreuzfuß mit reliefiertem Totenschädel, Anker und Kreuz. Pfarrer Rug ließ das Postament in den 1930er Jahren an seiner heutigen Stelle in die Mauer einbauen,[35] was ohne Vorwissen heute die Deutung als ehemaliges Grabmal nahelegt. Der Verbleib des Kreuzfußes ist nicht bekannt.

F: Grabmal des Johannes Rup

Kreuz, roter Sandstein, H 80, B 49, T 12,5. Das Grabmal folgt in seiner Gestaltung dem von Mathias

Abb. 25: Grabmal des Johannes Rup
(Foto: Rainer Knauf).

Schaeffer von Strassen (G): Kreuz mit Schwellungen an den leicht angespitzten Balkenenden (abgewandeltes Kleeblatt- bzw. Dreipaßmotiv), mit herzförmig ausgeweitetem Stamm, der sich zum Fuß hin verbreitert. Kreuz beidseitig gestaltet: Nordseite flächendeckend beschriftet, die Kreuzbalken mit Umrißnut, die Herzform mit erhabenem Rand; Südseite nur in den Kreuzbalken beschriftet, diese mit erhabenem Rand; im Zentrum der Herzform reliefiertes schmales Herz, einer Rübe ähnlich, mit umgelegter Dornenkrone und bekrönendem lateinischem Kreuz, hinterfangen von Strahlenkranz, in herzförmiger erhabener Rahmung, die oben, zum Kreuz hin, in zwei Voluten endet; die Ränder der Herzform geriffelt. Nordseite mit keilförmig eingetiefter Inschrift, die Unterstreichungen kennzeichnen Ligaturen:

hIR / RuheT / DeR / DUGeNT / SAME IOhANNES RUP GeVeSeNER / MUeLLeR IN ELM IST GeSTORbEN / DeN / 24TeN / APRIL I8I9 / SeIN AL TeR 5I / IAhR DIeSeS / CReUT Z hAT / MAcheN LASeN / DIE ehRSAME MARIA / AMAN DEN 30 DeZb I8I9 /[36]
[Johann Rupp, Ackerer und Müller in Elm, röm. kath., Sohn von Johann Rupp und Anna geb. Maas, * 10.10.1768 in Rittenhofen, † 14.(sic!)04.1819 in Kölln, ∞ in Kölln mit Anna Maria geb. Amann, * 15.05.1748 in Lisdorf, Witwe von Nikolaus Bauer, Witwe von Peter Leistenschneider, † 25.11.1829 in Kölln[37]]
Südseite: Im Kreuzzentrum erhabenes „IHS" mit lateinischem Kreuz auf dem Querbalken des „H", das im Kopf des Kreuzes flankiert wird von keilförmig eingetieften Buchstaben, links: I / R /, rechts: N / I / (= INRI). Am Querbalken keilförmig eingetiefte Inschrift (Buchstaben mit Serifen), das IHS flankierend:
Links: IeSU IN DeI /   Rechts: NE heNDE /
          BeFehL ICh /   MEIN GeIST /
Keuth hat das Kreuz mit einer wulstförmigen Fußverbreiterung auf einem kubischen Sockel skizziert.[38]

G: Grabmal des Mathias Schaeffer von Strassen

Kreuz, rot-gelber Sandstein, H 83, B 50, T 16,5. Kreuz mit Schwellungen an den leicht angespitzten Balkenenden (abgewandeltes Kleeblatt- bzw. Dreipaßmotiv), mit herzförmig ausgeweitetem Stamm, der auf einem breiten, an den Flanken abgerunde-

Abb. 26: Grabmal des Mathias Scheffer von Strassen (Foto: Rainer Knauf).

tem Fuß sitzt. Kreuz beidseitig gestaltet: Nordseite in den Kreuzbalken beschriftet, die Kreuzbalken und die Herzform jeweils mit Umrißnut; Südseite ebenfalls in den Kreuzbalken beschriftet, diese mit erhabenem Rand; im Zentrum der Herzform reliefiertes Herz vor Strahlenkranz, bekrönt von lateinischem Kreuz auf Sockel, in herzförmiger erhabener Rahmung, die oben, zum Kreuz hin, in zwei Voluten endet; die Ränder der Herzform geriffelt. Nordseite mit keilförmig eingetiefter Inschrift:
hIeR / RUHET / deR / TUGenT / SAme / MAThIAS SchAeFFER VON / STRASSEN IST GESTORBEn / dEN 9TEn AUST 1802 /
[Matthias Schäfer, Gerber, röm. kath. Sohn von Pfarrer Nikolaus Schäfer, röm. kath., aus Lebach, und Katharina Schreiner aus Hüttigweiler, * 08.04.1738 in Hüttigweiler, † 20. (sic!) 08.1802 in Sellerbach, ∞ 11.10.1768 in Kölln mit Johanetta geb. Raber, * um 1743 in Linden b. Bliesen, † 27.02.1803 in Sellerbach.[39]]
Südseite: Im Kreuzzentrum erhabenes „IHS" mit lateinischem Kreuz auf dem Querbalken des „H", das im Kopf des Kreuzes flankiert wird von keilförmig eingetieften Buchstaben, links: I / R /, rechts: N / I / (= INRI). Am Querbalken keilförmig eingetiefte

Inschrift (Buchstaben mit Serifen), das IHS flankierend, die Unterstreichung kennzeichnet eine Ligatur:
Links: IESU IN /   Rechts: dEINE hÆND /
      b[E]FEhLE Ich /   MEIN GEIST /

H: Grabmal des Pfarrers Christian Matthaei
Kreuzfragment (Fuß), weißer Marmor, auf zweistufigem Postament, Kalkstein, dieses bestehend aus hoher Platte und einem würfelförmigen Block, der mit einem Pyramidenstumpf abschließt, H 82, B 76, T 66. Inschrift an der oberen Postamentstufe in keilförmig eingetiefter Antiqua:
Christian Matthaei / ev. Pfarrer, / geb. 21. Dec. 1842 / heimgegangen 21. Oct. 1882. / (Zierlinie) /
[Christian Matthäi, Pfarrer in Kölln, evang., Sohn von Johann Jakob Matthäi und Maria Karoline Christiane geb. Wagner, * 21.12.1842 in Züsch, † 21.10.1882 in Kölln, ∞ 19.09.1872 mit Wilhelmine Henriette Auguste geb. Tüschen, * err. 1844 in Monzingen, † 26.03.1931 in Kaldenkirchen.[40]]
Der marmorne Kreuzaufsatz wurde 1989 durch einen infolge von Sturmeinwirkung umstürzenden Baum abgebrochen und anschließend gestohlen.[41]

J: Grabmal, Name unbekannt
Grabpfeiler, rot-gelber Sandstein, H ca. 229, B ca. 78, T ca. 78. Gotisierender, im Grundriß quadratischer Grabpfeiler auf zweistufigem Postament, untere Stufe mit abgerundeten Oberkanten, obere Stufe mit abgefasten Oberkanten; Pfeilerschaft allseitig mit vertieften, von Kehle gerahmten und dreiecksgiebelig schließenden Feldern, an Nord- und Südseite die Giebelspitze in Muschelform, an West- und Ostseite Giebel profiliert vorkragend; in den Giebeln vorgeblendet jeweils zwei gekuppelte Spitzbögen mit gemeinsamer Mittelkonsole und, mit Ausnahme der Nordseite (Dreipaßbogen), überfangen von einem Kreis, dieser an der Westseite mit einbeschriebenem vierpaßartigem Kreuz; an der Ostseite flankieren vertikale Diamantfriese das vertiefte Feld, im vertieften Feld der Westseite Relief: Gewehr mit ornamentiertem Kolben und Eichenlaub am Lauf und Säbel in Scheide, übereinander gekreuzt. Hinter den Dreiecksgiebeln erwächst auf einem Unterbau aus Platte, Platte, Wulst, Kehle und sich verjüngendem Fuß ein

kugelig-hochovaler Aufsatz mit Blütenbekrönung und Eichenlaubbekränzung; die Platten des Unterbaus tragen gravierte geometrische Zierornamente. Die Inschriften sind aufgrund allseitig starker Oberflächenverwitterung größtenteils nicht mehr erkennbar: Nordseite, keilförmig eingetiefte Antiqua:
Leichentext / [1.] Buch Samuel / Kap. 20. v: 5. / [Es] ist nur ein / Schritt zwischen / [mir] und dem Tode./ Südseite, Namen und Lebensdaten, keilförmig vertiefte Antiqua, nur noch „geb." und „gest." und eine abschließende Zierlinie erkennbar.
Westseite, keilförmig eingetiefte Antiqua, in den beiden Blendbögen:
Jägers Ruh /
Ostseite, keilförmig eingetiefte Antiqua, oberer und rechter Teil der Inschrift abgewittert:
… / in S… / 18. Ap… / verheir…/ …ie 1844 … / Weber… / diese …. / Kind … / sein V… / so … / 31 … /

K: Grabmalfragment

Postament, querrechteckiger Block mit abgeschrägter Oberkante und polierter Schauseite, auf der Rückseite liegend weit eingesunken, dunkelgrauer Granit, H 25, B 50, (T ca. 9 cm aus dem Boden ragend), Inschrift in keilförmig eingetiefter Antiqua:
Bestelle dein Haus; denn du wirst / sterben, und nicht lebendig bleiben. / Jes. 38, 1. /

L: Grabmal Weber

Bildstockartiges Grabmal, Kalkstein und weißer Marmor, H 217, B 78, T ca. 55. Grabmal bestehend aus einer Sockelplatte mit abgefaster Oberkante, einem hochgelagerten, sich verjüngenden Schaft, der im oberen Bereich durch ein Gesims (Wulst) zweigeteilt wird, und einem überkragenden Aufsatz in Form eines Dreipasses mit je einem kleinen Blatt an den Zwickeln und einer aus Blättern zusammengesetzten Bekrönung, vermutlich Fuß eines heute fehlenden Kreuzes. Im Dreipaß-Aufsatz ist eine marmorne Inschriftenplatte eingesetzt, die die Dreipaßform wiederholt. Am Unterteil des Schaftes Relief dreier ineinander verschlungener Kränze aus Rosenblüten. Inschriften im Dreipaß, eingetiefte Fraktur, oberer Paß:
E.L. Emma Weber / geb. 28. Octbr 1862 / gest. 9. März 1885 /

Abb. 27: Grabmal Weber (Foto: Rainer Knauf).

Paß unten links:
Emilie Weber / geb. 23. April 18[7]1 / gest. 2. März 1885 /
Paß unten rechts:
Ludwig Weber / geb. 19. Dezbr. 1852 / gest. 9. Febr. 1885 /
[alle röm. kath.: Ludwig, * 09.12.1852, † 09.03.1885[42] Diphtherie, Scharlach und Lungenentzündung. – Elisabeth Luisa Emma, * 28.10.1862; † 09.03.1885 Diphtherie u. Scharlach. – Emilie, * 23.04.1871, † 02.03.1885 Diphtherie u. Scharlach. Eltern: Christian Theodor Weber, Müller aus Sprengen, * 16.12.1822 in Sprengen, † 12.03.1902 in Sprengen, Katharina Elisabetha geb. Klein, * 03.12.1828 in Hilschbach].
Am Postament zwei Spalten, durch vertikale Linie getrennt, keilförmig eingetiefte Inschrift, die erste Zeile jeweils in Antiqua, die zweite (= Namen) in Fraktur, linke Spalte:
Entworfen von Bauwerkmeister / Schultheiß /[43]
Rechte Spalte:
Ausgeführt v. Bildhauer / Dickmann /

Rückseite, unter dem Gesims, eingetiefte Antiqua, vermutlich später eingraviert: AN /

M: Grabmal des Carl August Heinz

Zippus, Sandstein, H 194 (ab Bodenplatte), B 62, T 62. Zippus auf einfachem Postament über Bodenplatte, Postament abschließend mit von schmalen Platten eingefaßtem Wulst, an der Ostseite Relief zweier aus Wolken hervorkommender sich reichender Hände; hoher, sich wenig verjüngender Zippusblock, allseitig mit Umrißnut, an der Ostseite (= Schauseite) oben Relief: Hammer und Schlägel gekreuzt (Bergmannemblem) im Lorbeerkranz.[44] Mit bekrönendem Karnies und schmaler Platte überkragender Abschluß mit rundbogigem Giebel mit Eckakroterien, die sich bis zur Rückseite fortsetzen, auf den Ecken jeweils ein reliefierter Schmetterling, im östlichen Giebelfeld Relief zweier gekreuzter gesenkter Fackeln, im westlichen

Abb. 28: Grabmal des Carl August Heinz, von Osten (Foto: Rainer Knauf).

Giebelfeld (Rückseite) Relief einer geflügelten Sanduhr. Inschrift der Ostseite, keilförmig eingetiefte Antiqua:
RUHESÆTTE (sic!) / DES / CARL AUGUST HEINZ / KENIGLICHER OBER / BERGGESCHWOR[ENER] / GEBOREN ZU / JOHANNGEORG[STADT] / IM SÆCHSISCHEN / ERZGEBIRGE / DEN 5TEN ABRIL [1790] / UND GESTORBEN [ZU] / ELM DEN 1TEN JULI 1846 / MATTHAI 25, V. 21 / EI DU FROMMER U. GETREUER / KNECHT, / DU BIST ÜB. WENIG. / TREU GEWESEN; ICH WILL / DICH ÜBER VIEL SETZEN; GEH / EIN ZU DEINES HERRN FREUDE: /
[Karl August Heintz, Oberberggeschworener, evang., getauft am 05.04.1790 in Johanngeorgenstadt; † 01.07.1846 in Elm, zwei Ehen.[45]]

N: Grabmal der Juliane Sophie Luise Herrmann

Zippus, roter Sandstein, H ca. 193, B 60, T 60. Zippus auf einfachem Postament über Bodenplatte, Postament abschließend mit tragendem Karnies und schmaler Platte, an der Ostseite reliefierte gekreuzte Palmzweige; darauf hoher, sich wenig verjüngender Zippusblock, allseitig mit Umrißnut, an der Südseite oben Relief: Kelch auf Buch (Bibel). Mit schmaler Platte und bekrönendem Karnies überkragender Abschluß, allseitig dreiecksgiebelig, mit Eckakroterien, diese tragen jeweils einen reliefierten Schmetterling, in den Giebelfeldern reliefierte Symbole: Ostseite: gekreuzte gesenkte Fackeln, Nordseite: geknickter Ölzweig, Westseite: Ouroboros, Südseite: geflügelte Sanduhr. Zentraler bekrönender Aufsatz fehlt. Inschriften in keilförmig eingetiefter Antiqua, zu großen Teilen abgesandet bzw. abgeschalt, Ostseite:
JHRE / ELTERN WAREN / JOHANN / GEORG GUSTAV / CLAUSEN / PFARRER ZU / RATINGEN; NEUSZ / UND THALFANG / UND JOHANNE PHILIPPIN / KATHARINE / BE[YERIN] /
Westseite:
IHREN / TOD / ... / VON IHREM / GATTEN / [EI]N SOHN UND VIER / TÖCHTERN / MIT DEM WORTE / DER SCHRIFT / PSALM 56,5 /
Nordseite: ... / ...   IL ... / MIT ... / ... /
[Es handelt sich um das Grabmal der Juliane Sophie Luise Herrmann geb. Clausen, * 27.02.1804 Ratingen, † 26.07.1849, Ehefrau von Pfarrer Carl Ludwig Herrmann, Pfarrer in Kölln, evang., Tochter von

Johann Georg Gustav Clausen, Pfarrer zu Thalfang, 1774-1837, und der Johanna Philippina Katharina geb. Beyer, 1779-1827.[46)]]

O: Grabmal, Name unbekannt

Stele, Sandstein, H 113, B 54, T 20. Hochgelagerte Stele mit dreiteiligem Aufbau (aus einem Stück): Querrechteckige Postamentzone, darüber an den Flanken zurückspringender „Stelenblock", mit an den Flanken überkragendem bekrönendem Karnies und Wulst abschließend, an der Schauseite graviertes hochrechteckiges Inschriftenfeld mit gravierten Eck-„Rosetten" (konzentrische Kreise), die oberen durch ein graviertes Blattfeston verbunden. Zurückspringender Stelenabschluß, nur der sich geschweift verjüngende Unterteil des Abschlusses, vermutlich Fuß eines Kreuzes, erhalten, mit Umrißgravur, Aufsatz abgebrochen. Stele umgestürzt. Inschrift in keilförmig eingetiefter Antiqua:
LASSET UNS / RUHEN IN FRIEDEN / 1852 /

P: Grabmal des Theod. Joh. Kraus

Pultstein, Sandstein und weißer Marmor, H 91, B 86,5, T 39,5. Stelenartiger Pultstein mit einfachem Postament, dieses abschließend mit Kehle und Fase; querrechteckiger Pultblock, zentraler Metallaufsatz fehlt, in der Pultfläche vertieft eingesetzte querrechteckige marmorne Inschriftenplatte, beschädigt, gerahmt (von innen nach außen) von reliefiertem Akanthus, Wulst, Kehle und abgefaster Leiste. Inschrift in keilförmig eingetiefter Fraktur:
Hier ruht in Gott / Theod. Joh. Kraus / geb. [4.] Aug. 1836 gest. 21. Januar 1893 / (Trennlinie) / Denn alles Fleisch ist wie Gras und alle Herrlichkeit / des Menschen wie des Grases Blume. 1. Petri 24 /
[Johann Peter Theodor Krauß, Bergmann, evang.,* 04.08.1836 in Kölln, † 21.01.1893 in Etzenhofen, ∞ 04.12.1860 in Kölln mit Elisabeth Luise geb. Scherer, * 17.05.1840 in Etzenhofen, † 03.10.1878 in Etzenhofen, acht Kinder.[47)]]

Q: Grabmal, Name unbekannt

Pultstein, Sandstein, H 99, B 83, T 36. Stelenartiger Pultstein mit Postament aus Platte, Postamentblock, überkragender Kehle und zurückspringender Kehle; querrechteckiger Pultblock, an der Schauseite oben und seitlich mit reliefierter Weinlaubrahmung (Trauben und Blätter), zentraler Metallaufsatz fehlt, im Zentrum vertieftes querrechteckiges Feld, gerahmt von Kehle, Wulst und Leiste (von innen nach außen); die Inschriftenplatte, die hier eingesetzt war, fehlt. Auch die Rückseite des Pultblockes ist in vereinfachten Formen als Plattenrahmung gestaltet.

R: Grabmal des Georg Kraus

Pultstein, Sandstein und Marmor, H 91, B 86,5, T 39,5. Stelenartiger Pultstein mit einfachem Postament, dieses abschließend mit Kehle und Fase; querrechteckiger Pultblock, zentraler Metallaufsatz fehlt, in der Pultfläche vertieft eingesetzte querrechteckige Inschriftenplatte aus weißem Marmor, gerahmt (von innen nach außen) von reliefiertem stilisiertem Akanthus, Wulst, Kehle und abgefaster Leiste. Inschrift in keilförmig eingetiefter Fraktur:
Hier ruht in Gott / Georg Kraus Grubenwächter / Gatte v. Luise geb. Schmidt / geb. 22. Febr. 1839 gest. 28. Dez. 1892 / Ruhe sanft! /
[Georg Krauß, Bergmann und Grubenwächter, evang., * 22.02.1839 in Etzenhofen, † 28.12.1892 in Etzenhofen, ∞ 14.02.1865 in Kölln mit Luise geb. Schmidt, * 06.11.1840 in Heusweiler, † 01.06.1913 in Etzenhofen, neun Kinder.[48)]]

S: Grabmal des Christian Büch

Grabsäule, gelber Sandstein, H ca. 129, ø an der Plinthe: ca. 50; Bodenplatte ca. 75 x 75. Abgebrochene Säule mit glattem, unten leicht gekehltem Schaft und Wulst-Basis, auf quadratischer Bodenplatte, die quadratische Plinthe fehlt; über die schräge Abbruchstelle ist ein Bahrtuch gehängt, darauf liegt ein Kranz mit Schleifen. Inschriften, oberer Teil in keilförmig eingetiefter Fraktur:
Hier ruhet / Christian Büch, / aus Hilschbach / geb. am 13 Dezember 1858 / gest. den 22 Februar 1869./
[Christian Büch, Sohn von Christian Büch, Bäcker und Wirt in Hilschbach-Ziegelhütte, und Katharina geb. Huppert, evang., * 13.12.1858 in Hilschbach, † 22.02.1863 in Hilschbach, an Frieseln.[49)]]
Darunter Sinnspruch in Antiqua, rechte Seite abgewittert:
... / ... des Lebens / ... Tod, / ... Blüthe, / ... bot. / ... Dir jetzt dort oben / ... Lichtrevier; / ... durch uns'rer Hezen [sic!] / ... her erstirbt es hier! / (Abschlußlinie)/

T: Grabmal, Name unbekannt

Stele mit Kreuzaufsatz, Sandstein, H ca. 115, B 61, T 16. Hochrechteckige Stele, umgestürzt, Postament fehlt, an der Schauseite hochrechteckiger Inschriftenspiegel mit Eckeinziehungen und Eckrosetten; Stelenabschluß aus überkragendem, mit Guttae besetztem Wulst und Platte, darauf zurückspringende Bekrönung: ein aus einer Kreisform gearbeitetes Kreuz mit gleichlangen Balken und geschweift verbreitertem Fuß mit seitlichen Voluten, an der Schauseite Umrißnut, im Kreuzzentrum an der Schauseite Relief: zwei Puttenköpfchen auf Wolke, im Kreuzzentrum auf der Rückseite reliefierter Blattzweig. Der Kreuzaufsatz ist abgebrochen, in zwei Teile zerfallen und wird in der Martinskirche aufbewahrt.

U: Grabmal der Sophia Krebs

Pultstein, Sandstein, H 48, B 66, T ca. 80. Pultstein mit felsartiger, kleinteilig-zerklüfteter Gestaltung, auf der Pultfläche hochovaler Inschriftenspiegel, in den Zwickeln (sphärische Dreiecke) reliefierte Disteln.[50] Inschrift in keilförmig eingetiefter Antiqua, Namen in Fraktur:
Hier / ruht in Gott / Sophia Krebs / Ehefrau v. / Heinrich Klein / aus Engelfangen / geb. d. [27.] Dez. 1858 gest. d. 27. Nov. 1885 / Ach viel zu früh bist du geschieden / Teure Gattin fort von hier / Es schloß der Tod zu ew'ger Ruh' / Dir viel zu früh die Augen zu. / Auf Wiederseh'n! /
[Sophie Klein geb. Krebs aus Engelfangen, Ehefrau von Heinrich Jakob Klein, Bergmann, * 27.09.1858 in Engelfangen, † 27.11.1885 in Engelfangen, zwei Kinder.[51]]

V: Grabmalfragment

Postament, vermutlich eines Kreuzes, Sandstein, H ca. 85, B 48, T 48.
Zweistufiges Postament auf quadratischem Grundriß, untere Stufe ungegliederter Block, obere Stufe würfelförmiger Block, an der Schauseite mit querrechteckigem vertieftem Feld, die Inschriftenplatte, die hier eingelassen war, fehlt, an den Flanken vertiefte Felder, jeweils mit erhabenem „IHS" mit Kreuz auf dem Querbalken des „H"; Abschluß aus zurückspringender Platte und überkragender Platte in Form eines Kissens mit Eck- und Mittel-

quasten, an der Oberseite querrechteckige Vertiefung, vernutlich Standfläche des Kreuzaufsatzes, dieser fehlt.

W: Grabmal der Katharine Rothe

Stele, Sandstein und weißer Marmor, H ca. 104, B 63, T ca. 29. Gotisierende hochgelagerte Stele auf Platte (diese im Boden), an der Schauseite vertieftes Feld, das mit spitzbogigem Schulterbogen abschließt, darin Inschriftenplatte aus weißem Marmor, der Spitzbogen überfangen von einem krabbenbesetzten spitzbogigen Gesims, das seitlich auf Konsolen endet. Stelenabschluß an den Seiten in Form von krabbenbesetzten Satteldächern, der überhöhte Mittelteil abgebrochen, fehlt. Inschrift in keilförmig eingetiefter Fraktur:
Hier / ruht in Frieden / Frau / Katharine / Rothe / geb. Weber / geb. zu Sprengen / den 30. Merz 1814 / gest. daselbst / den 12. Februar 1892 /
[Maria Katharina Rothe geb. Weber, Ehefrau von Fürchtegott Karl Friedrich Gottlieb Rothe, Förster in Sprengen, evang., * 03.04.1814 in Sprengen, † 13.02.1892 in Sprengen, begraben 16.02.1892, fünf Kinder.[52]]

X: Grabmal des Karl Krauß

Pultstein, Sandstein, H ca. 62, B ca. 63, T ca. 55. Pultstein mit felsartiger, kleinteilig-zerklüfteter Gestaltung, auf der Pultfläche hochovaler Inschriftenspiegel, in den Zwickeln (sphärische Dreiecke) reliefierte Disteln (ähnlich gestaltet wie der Pultstein der Sophia Krebs, Plan: U). Inschrift unter einem keilförmig eingetieften lateinischen Kreuz mit verbreiterten Enden, in keilförmig eingetiefter Antiqua, Namen in Fraktur:
Hier ruht sanft / Karl Krauß / Ehemann v. / Maria Schäfer / geb. zu Coeln d. 17 Nov. 1832 / gest. zu Etzenhofen d. 21 Mai 1888 / Tex Hiob 19,25. / Ich weis, daß mein Erlöser / lebt, und Er wird mich her- / nach aus der Erde auf- / erwecken. /
[Karl Krauß, Bergmann, evang., * 17.11.1832 in Kölln, † 20.05.1888 in Etzenhofen[53], ∞ 15.05.1860 in Kölln mit Marie geb. Schäfer, * 13.12.1839 in Etzenhofen, † 11.02.1933 in Etzenhofen, elf Kinder[54]).
Steinmetzsignatur auf der Pultfläche links oben, keilförmig eingetiefte Antiqua: Wirth / Fraulautern/

Y: Grabmal unbekannt

Kreuzpostament, Sandstein, H 66,5, B 48,5, T 28. Hochrechteckiger Block, an der Oberseite sich geschweift verjüngend (= Kreuzfuß), Kreuzaufsatz fehlt; an der Schauseite hochrechteckiges, sich wenig verjüngendes vertieftes Feld, die Inschriftenplatte, die hier eingelassen war, fehlt, links darüber Rosenrelief.

Z: Grabmal Zeitz

Kreuzfuß mit gekehlter Oberkante, weißer Marmor, auf hochrechteckigem Postament mit abgeschrägter Oberkante, dunkelgrauer Granit, poliert, H 67,5, B 45, T ca. 25. Grabmal umgestürzt, Kreuzaufsatz fehlt. Inschrift am Postament in keilförmig eingetiefter Antiqua:
Hier ruht in Gott / Joh. Nic. Zeitz, / aus Engelfangen, / Gatte von / Karoline Luise / geb. Huppert, / geb. 17. Juli 1844, / gest. 21. Dezbr. 1901. /
[Johann Nicolaus Zeitz, evang., Sohn von Joh. Nik. Zeitz und Kath. Elis. Geb. Maul, * 17.07.1844 in Engelfangen, † 21.12.1901 in Engelfangen.[55]]

Der Katalog zeigt, daß auf dem Kirchhof in Kölln Grabmale aus drei zeitlichen Abschnitten des 19. Jahrhunderts erhalten sind. So gibt es aus der Frühzeit des 19. Jahrhunderts noch mehrere Kreuze bzw. Kreuzfragmente vom gleichen Typ (Ä, A, C, D, F, G), entstanden zwischen 1802 und 1825. Es handelt sich um gedrungene Kreuze in ländlicher Barockmanier, mit herzförmigem Fuß und vom Kleeblattkreuz abgewandelter Form, mit reliefiertem Flammen- oder Strahlenherz am Fuß und erhabenem Christusmonogramm (IHS) im Kreuzzentrum. Keuth sah in ihnen eine gestalterische Übernahme aus dem Bliesgau, wo er in Reinheim und Habkirchen Kreuze mit großer Ähnlichkeit feststellte.[56] Zeitlich dieser Gruppe zuzuordnen ist auch Grabmal B, eine Stele von 1814 mit für evangelische Friedhöfe dieser Zeit typischer Tafelform. Da es auf saarländischen Friedhöfen nur noch wenige Grabmale aus dieser Zeit gibt, kommt dieser Grabmalgruppe besonderer Wert zu.
Eine zweite Gruppe von Grabmalen stammt aus der Mitte des 19. Jahrhunderts und ist in Form- und Symbolsprache vom Klassizismus geprägt. Hierzu gehören die Grabmale M und N, beide in Form eines Zippus, um 1846 und 1849 entstanden. Neben den personenbezogenen Symbolen wie Bergmannemblem und Kelch auf Buch (Lebensbuch, Bibel), letztere als Hinweis auf die Pfarrerfamilie deutbar, weisen sie antike Symbole auf wie den Schmetterling, Zeichen der Auferstehung bzw. Wiedergeburt, gesenkte Fackeln als Sinnbild des verlöschenden Lebens, die geflügelte Sanduhr als Symbol der verrinnenden Lebenszeit, oder die „Ewigkeitsschlange" (Ouroboros), die sich in den Schwanz beißt.[57] Die Grabstele O von 1852 mit ihrem strengen graviertem Ornament gehört ebenso zu dieser Grabmalgruppe wie vermutlich auch die inschriftlich nicht mehr zu datierende Stele T mit der Guttae-besetzten Abschlußplatte, dem erhabenen Inschriftenfeld mit reliefierten Eckrosetten und dem aus einem Kreis entwickelten Kreuzaufsatz. Schließlich zählt auch die gebrochene Säule mit drapiertem Bahrtuch am Grab Büch (S) von 1863 dazu. Die gebrochene Säule, die bereits in den Säulenbücher des 16. Jahrhunderts als Symbol menschlicher Vergänglichkeit erscheint, wurde 1819 von Schinkel in seinen Grabmalvorschlägen wiederaufgenommen und entwickelte sich in Folge zu einem beliebten Grabmaltyp.[58]
Die übrigen Grabmale auf dem Kirchhof stammen aus den letzten beiden Jahrzehnten des 19. Jahrhunderts und von 1901. Sie spiegeln historistische Form-, Material- und Symbolvielfalt wider.[59] Neben einer neogotischen Stele (W) und einem neogotischen Pfeiler (J), letzterer mit aufwendigem personenbezogenem Relief (Gewehr mit Eichenlaub und Säbel für den Jäger), finden sich mehrere Grabkreuze auf Postamenten (H, V, X, Y), bei denen leider jeweils der Kreuzaufsatz fehlt, sowie zwei felsartig „zerklüftete" Pultsteine (U, X). In formaler Hinsicht außergewöhnlich im regionalen Kontext erscheinen die drei um 1893 entstandenen stelenartigen Pultsteine P, Q und R, sowie das bildstockartige Grabmal Weber (L, 1885) in Form eines Dreipasses auf hohem, mit Rosenblütenkränzen geschmücktem Schaft. Letzteres belegt, daß die Zusammenarbeit von Architekt und Bildhauer im Grabmalschaffen, wie häufig, zu originellen Resultaten führen kann.
Insgesamt zeigt sich, daß in den 1930er Jahren bei der Einebnung des Kirchhofes ein Querschnitt der hier vorhanden Zeugnisse des Grabmalschaffen aus dem 19. Jahrhundert zur Erhaltung ausgewählt wurde, den es auch künftig zu bewahren gilt.

Anmerkungen

1) Gemarkung Kölln, Flur 1, Flurstücke 32/5,7,9,11, s. Amtsgericht Völklingen, Grundbuch von Kölln, Blatt 455.
2) S. Gudula Overmeyer, Die Martinskirche in Kölln, Saarbrücken 1989, S. 19 u. S. 80 (wie Anm. 16).
3) Evang. Pfarrarchiv Kölln, A2/2 Lagerbuch 1875ff., S. 6f.
4) Ebd., A2/2 Lagerbuch 1825.
5) Ebd., A2/2 Lagerbuch 1875ff. – Ebd., A 1, Protokollbuch der Repräsentation 1824-1863, Eintrag v. 13.03.1855, auch zum Folgenden.
6) Ebd., A 1, Protokollbuch der Repräsentation 1876-1912, 28.01.1894.
7) Ebd., Best. Nr. 66, Alte Friedhofsakten, Bericht d. Reg. Assessors Molly an die Bürgermeisterei Heusweiler-Sellerbach, Kreis Saarbrücken, 07.06.1865, u. Schreiben des Bürgemeisters Mainz, Amtsbürgermeisterei Sellerbach, an Pfarrer C. L. Herrmann, Cölln, betr. Anlage eines Friedhofes in Güchenbach, 20.12.1868.
8) Ebd., A 1/2, Protokollbuch des Presbyteriums, 31.03.1902.
9) Ebd., Sterberegister der evang. Gemeinde 16/1902.
10) Ebd., A1, Protokollbuch der Repräsentation, 1876-1912, 11.11.1902.
11) Ebd., Best. Nr. 66 Friedhofsverband Kölln, Sitzung des Presbyteriums, 11.03.1934, Beantragung der Schließung beim Konsistorium der Rheinprovinz; die Genehmigung erfolgte am 16.03.1934.
12) Overmeyer (wie Anm. 2) S. 80 Anm. 65.
13) Evang. Pfarrarchiv Kölln, Karl Ludwig Rug, Chronik der Kirchengemeinde Kölln, Bd. II (1950-1968), Eintrag v. 06.07.1964 (darin Dokumentation der Grabmale A, C, D, F, G des Katalogs).
14) Ebd., Eintrag v. 06. u. 08.07.1954, auch zum Folgenden.
15) Evang. Pfarrarchiv Kölln, Überarbeitung des Lagerbuches 1995.
16) S. auch Overmeyer (wie Anm. 2) S. 13, Foto, Ende 19. Jhdt., vom Westteil des Kirchhofes.
17) Hans-Joachim Kühn / Robert Baltes, Zur Geschichte der Pfarrei Herz Jesu Köllerbach, vormals St. Martin zu Kölln im Köllertal, Püttlingen 1999, S. 77. Die Autoren nennen hierfür das Jahr 1930.
18) Landesarchiv Saarbrücken, Nachlaß Prof. Rug Nr. 20, Ortschronik I, Annalen der Pfarrei Kölln und des Köllertals, Plan: Der Baumbestand des alten Friedhofes im Jahre 1951.
19) S. hierzu Evang. Pfarrarchiv Kölln, Karl Ludwig Rug, Chronik der Kirchengemeinde Kölln, Bd. I (1927-1949), Eintrag 1929. – Saarbrücker Zeitung, Nr. 314 u. 315, 16. und 17.11.1929. – Overmeyer (Anm. 2) S. 11ff., mit Angaben zu den Ergänzungsgrabungen in den 1950er Jahren und weiterführender Literatur. S. auch Literaturauswahl.
20) H = messbare Höhe, B = messbare Breite, T = messbare Tiefe, Maßangaben in cm.
21) Zur Geschichte und zur Deutung des Bartensteines s. u.a. Rug, Chronik II (wie Anm. 13), Eintrag unter dem 11.11.1952: Der Bartenstein wird wieder aufgefunden. – Karl Rug, Burg Bucherbach im Köllertal, Püttlingen 1984, S. 43.
22) Evang. Pfarrarchiv Kölln, Best. Nr. 66-5 Kriegsgräber.
23) Rug, Chronik I (wie Anm.19), Eintrag 1947. – Karl Rug, Köllerbach in alten Ansichten, Zaltbommel 1983, Abb. 3.
24) Kühn / Baltes, Pfarrei Herz Jesu (wie Anm. 17), S. 77.
25) Die Grabmale wurden vom Verfasser im Juli und August 1999 inventarisiert, Grabmal Altpeter, Plan Ä, wurde erst nach Beseitigung von Hecken im Oktober 1999 entdeckt. Tatkräftig mitgeholfen bei der Inventarisation hat Pfarrer

Dr. Joachim Conrad, dem an dieser Stelle, auch für zahlreiche Hinweise, herzlich gedankt sei. Eine ausführliche Dokumentation des Kirchhofes und seiner Grabmale wird voraussichtlich im Jahr 2000 als Nr. 7 in der von Joachim Conrad und Ralf Krömer herausgegebenen Schriftenreihe „Quellen zur Geschichte des Köllertals" erscheinen.
26) Rug, Chronik II (wie Anm. 13), Eintrag v. 06.07.1964.
27) Rekonstruktion der Inschrift unter Zuhilfenahme eines Fotos, ca. 1981, von Frau Gertrud Scherer, Saarbrücken-Gersweiler.
28) Karl Ludwig Rug, Die evangelischen Familien des Köllertals vor 1840 (= Köllertaler Familienbuch Bd. I = Mitteilungen der Arbeitsgemeinschaft für Saarländische Familienkunde Bd. 16), Saarbrücken 1984, S. 74 Nr. 29a u. S. 534 Nr. 1654 c.
29) Nach Rug „verderbtes Latein für Hodie mihi, cras tibi"; s. Rug, Chronik II (wie Anm. 13), Eintrag v. 06.07.1964, auch zum Folgenden.
30) Lorenz Himbert / Günter Altmeyer, Die Familien der katholischen Pfarrei Kölln im Köllertal mit den Orten Elm und Sprengen vor 1850 (= Köllertaler Familienbuch Bd. II = Mitteilungen der Arbeitsgemeinschaft für Saarländische Familienkunde Bd. 19), Saarbrücken 1986, S. 342, Nr. 1274 a.
31) Hermann Keuth, Zeichnungen und Notizen zur saarländischen und lothringischen Volkskunde, Materialsammlung ll, hrsg. v. Hans-Walter Herrmann u.a. (= Veröffentlichungen des Instituts für Landeskunde im Saarland Bd. 29), Saarbrücken 1988, S. 164 Nr. 788.
32) Rug, Chronik II (wie Anm. 13), Eintrag v. 06.07.1964.
33) Köllertaler Familienbuch II (wie Anm. 30) S. 104, Nr. 384.
34) Rug, Chronik II (wie Anm. 13), Eintrag v. 06.07.1964.
35) Ebd., Eintrag v. 06.07.1954.
36) Wiedergabe der letzten drei Zeilen nach ebd., Eintrag v. 06.07.1964.
37) Köllertaler Familienbuch II (wie Anm. 30) S. 311, Nr. 1166
38) Keuth (wie Anm. 31) S. 165, Nr. 791.
39) Köllertaler Familienbuch II (wie Anm. 30) S. 320, Nr. 1197.
40) Karl Ludwig Rug †: Familien der evangelischen Pfarrei Kölln und der evangelisch-lutherischen Pfarrei Walpershofen 1840-1910 (= Köllertaler Familienbuch Bd. IV = Mitteilungen der Arbeitsgemeinschaft für Saarländische Familienkunde Bd. 34), Saarbrücken 1994, S. 333, Nr. 2689; zu Matthäi s. auch Joachim Conrad, Die Pfarrer an Sankt Martin zu Kölln. Ein Beitrag zur rheinischen Pfarrergeschichte, in: Monatshefte für Evangelische Kirchengeschichte des Rheinlandes 42 (1993) S. 167-218, hier S. 195-199. Eine marmorne Gedenktafel für Matthäi, die früher im südlichen Seitenschiff der Martinskirche hing (s. Abb. 7), befindet sich heute im Erdgeschoß des evang. Gemeindehauses in Kölln.
41) Auf dem Foto S. 6 bei Overmeyer, Martinskirche (wie Anm. 2) ist das Kreuz noch vorhanden.
42) Köllertaler Familienbuch IV (wie Anm. 40), S. 471, Nr. 3169, auch zum Folgenden. Geburts- und Sterbedatum von Ludwig Weber sind am Grabmal richtig, im Familienbuch falsch angegeben, s. Evang. Pfarrarchiv Kölln, Taufregister d. evang. Gemeinde Kölln 39/1852 und Sterberegister d. evang. Gemeinde Kölln 7/1885.
43) Unter Leitung des Grabmalentwerfers, Bauwerkmeister Schultheiß aus Elm, wurden 1876 Reparaturmaßnahmen im Innern und am Außenbau der Martinskirche vorgenommen, s. Evang. Pfarrarchiv Kölln A2/2, Lagerbuch der Gemeinde 1875ff., S. 6f.
44) Keuth (wie Anm. 31), S. 170, Nr. 813 zeigt ein Bergmann-Emblem von einem „Grabstein eines Bergbeamten, Friedhof Coelln, um 1830", wobei es sich offenbar um ein anderes, nicht mehr existierendes Grabmal handelt.

45) *Köllertaler Familienbuch I (wie Anm. 28) S. 257, Nr. 659-660.*

46) *Ebd. S. 259, Nr. 665; zu Carl Ludwig Herrmann s. Conrad, Pfarrer an Sankt Martin (wie Anm. 40) S. 193-195.*

47) *Köllertaler Familienbuch IV (wie Anm. 40) S. 290, Nr. 2548.*

48) *Ebd. S. 290, Nr. 2549.*

49) *Ebd. S. 107, Nr. 1945 c. Das Todesdatum ist am Grabmal falsch, im Familienbuch richtig angegeben, s. Evang. Pfarrarchiv Kölln, Sterberegister d. evang. Gemeinde Kölln 8/1863.*

50) *Ähnlich gestaltet wie Grabmal X, Karl Krauß, daher vermutlich vom gleichen Steinmetz wie dieses: Wirth, Fraulautern.*

51) *Köllertaler Familienbuch IV (wie Anm. 40) S. 272, Nr. 2481. Das Geburtsdatum ist am Grabmal falsch, im Familienbuch richtig angegeben, s. Evang. Pfarrarchiv Kölln, Taufregister d. evang. Gemeinde Kölln 30/1858.*

52) *Köllertaler Familienbuch IV (wie Anm. 40) S. 378, Nr. 2853. Das Geburtsdatum ist am Grabmal richtig, das Todesdatum im Familienbuch richtig angegeben, s. für beide Daten Evang. Pfarrarchiv Kölln, Sterberegister d. evang. Gemeinde Kölln 5/1892; die Geburtsangabe im Familienbuch ist möglicherweise das Taufdatum.*

53) *Das Sterberegister d. evang. Gemeinde Kölln 12/1888 im Evang. Pfarrarchiv Kölln nennt, wie das Familienbuch, auch den 20. Mai als Todestag.*

54) *Köllertaler Familienbuch IV (wie Anm. 40) S. 290, Nr. 2547.*

55) *Köllertaler Familienbuch I (wie Anm. 28) S. 549, Nr. 1722f.*

56) *Keuth (wie Anm. 31) S. 165, Nr. 791.*

57) *S. hierzu z.B. Christian Rietschel, Grabsymbole des frühen Klassizismus, in: Hans-Kurt Boehlke (Hrsg.), Wie die Alten den Tod gebildet. Wandlungen der Sepulkralkultur 1750-1850 (= Kasseler Studien zur Sepulkralkultur Bd. 1), Kassel 1979, S. 95-104.*

58) *S. hierzu und zu klassizistischen Grabsäulen im Saarbrücker Raum: Verf., Die Grabmale auf dem Kirchhof der Stiftskirche St. Arnual, in: Hans-Walter Herrmann (Hrsg.), Die Stiftskirche St. Arnual in Saarbrücken (= Schriftenreihe des Vereins für Rheinische Kirchengeschichte 130), Köln 1998, S. 505-526.*

59) *Zur architektonischen und plastischen Gestaltung der Grabmale des ausgehenden 19. Jahrhunderts s. z.B. Verf. / Christof Trepesch, Der alte St. Johanner Friedhof in Saarbrücken. Führer zu den Grabstätten (= thema: Monographien zur Kunst- und Kulturgeschichte der Saarregion 2), Walsheim 1998, v.a. S. 11ff.*

Literaturauswahl

Conrad, Joachim: Anmerkungen zur Ikonographie des spätmittelalterlichen Deckengemäldes in der Martinskirche zu Kölln–Saar (mit Bildern von Marc Anton Kettenmann), in: Sancta Treveris. Beiträge zu Kirchenbau und bildender Kunst im alten Erzbistum Trier. Festschrift für Franz J. Ronig zum 70. Geburtstag, hrsg. von Michael Emsbach / Christoph Gerhardt / Wolfgang Schmid / Annette Schommers / Hans-Walter Stork, Trier 1999, S. 65-80.

Conrad, Joachim: Die Pfarrer an St. Martin zu Kölln/Saar. Ein Beitrag zur rheinischen Pfarrergeschichte, in: Monatshefte für Evangelische Kirchengeschichte des Rheinlandes 42 (1993), S. 167-218.

Conrad, Joachim: 775 Jahre Evangelische Martinskirche zu Kölln 1223-1998. Vorträge und Programme aus dem Festjahr nebst einem Vortrag zur 30. Wiederkehr der Stadterhebung Püttlingens, hrsg. von Joachim Conrad (= Beiträge zur Geschichte des Köllertals Bd. 8), Püttlingen 1999.

Jähne, Michael: Die Skulpturen der Evangelischen Pfarrkirche St. Martin zu Kölln, in: Die Bauskulptur des Spätmittelalters im Saarland, Saarbrücken 1999, S. 156-164.

Kirsch, Karl: Köllerbach. Kreis Saarbrücken-Land. Evangelische Pfarrkirche St. Martin, in: Tagung der Landesdenkmalpfleger im Saarland 1964, Saarbrücken 1964.

Klein, Hanns: Der Maler Jost von Saarbrücken und die mittelalterlichen Fresken in der Köllner St. Martinskirche, in: Püttlinger Monatshefte 1 (1986), Nr. 1, S. 2-6.

Klein, H. / Klein, K. (Hrsg.): Die Lagerbücher der evangelischen Kirchengemeinde Kölln von 1825 und 1875. Kommentierte und mit einer Einführung in die Geschichte der Kirchengemeinde versehene Abschrift aus dem Pfarrarchiv Kölln (= Quellen zur Geschichte des Köllertals, hrsg. von Joachim Conrad und Ralf Krömer, Band 3), Püttlingen 1996.

Klewitz, Martin: Die Martinskirche zu Köllerbach im Saarland (= Große Baudenkmäler Heft 226), Berlin 1968.

Kühn, Hans-Joachim: Historische Beiträge zur Martinskirche in Kölln, in: BDS 27 (1980-1990), Abt. Kunstdenkmalpflege, S. 87-100.

Kühn, Hans-Joachim / Baltes, Robert: Zur Geschichte der Pfarrei Herz Jesu Köllerbach, vormals St. Martin zu Kölln im Köllertal, Püttlingen 1999.

Overmeyer, Gudula: Die Martinskirche zu Kölln, Saarbrücken 1989.

Overmeyer, Gudula: Zu den Wandmalereien in der Köllner Martinskirche, in: BDS 27 (1980-1990), Abt. Kunstdenkmalpflege, S. 101-122.

Rug, Karl Ludwig: Aus der Zeit der fränkischen Besiedlung. Von den Steinsärgen in der Martinskirche zu Kölln, in: Köllertaler Heimatbuch 1 (1951), S. 47-49.

Rug, Karl Ludwig: Die Martinskirche zu Köllertal und ihre Ausstattung, in: Die Schule. Zeitschrift für Erziehung und Unterricht 8 (1955), S. 238-244.

Rug, Karl Ludwig: Die Martinskirche zu Kölln im Köllertal. Neue Erkenntnis aus ihrer Baugeschichte, in: Die Saarheimat 2 (1958), Heft 5, S. 25-29.

Rug, Karl Ludwig: Fresken im Chor der Martinskirche zu Kölln, in: Evangelischer Kalender. In Deinen Händen 1959, S. 54-61.

Scherer, Norbert: Grundriß der kirchengeschichtlichen Entwicklung in Alt-Püttlingen bis zum Beginn des 19. Jahrhunderts, in: ZGS 40 (1992), S. 13-96.

Schmitt, Norbert: Zwei Sakramentsnischen in der gotischen Martinskirche zu Kölln, in: Püttlinger Heimatbrief 10 (1974), S. 161-168.

Zimmermann, Walther: Die Kunstdenkmäler der Stadt und des Landkreises Saarbrücken, Düsseldorf 1932, S. 256-261.

Bereits erschienen

thema 1:	Christof Trepesch		
	Baumeister-Familie Knipper in Saarbrücken	10,- DM	
thema 2:	Rainer Knauf / Christof Trepesch		
	Der alte St. Johanner Friedhof in Saarbrücken	10,- DM	
thema 3:	Günter Scharwath		
	Henri Bachers Bilder aus Lothringen	20,- DM	
thema 4:	Jürgen Bleibler / Klaus Holländer / Bernhard Wehlen		
	Zeppeline an der Saar	10,- DM	
thema 5:	Rainer Knauf		
	Das Deutschhaus in Saarbrücken	10,- DM	
thema 6:	Marlen Dittmann		
	Otto Zollinger – Ein Schweizer Architekt im Saargebiet	15,- DM	
thema 7:	Günter Scharwath		
	Das Heimatmuseum der Stadt Saarbrücken	10,- DM	
thema 8:	Peter Koehl		
	Saarbrücken auf alten Landkarten	20,- DM	
thema 9:	Joachim Conrad / Rainer Knauf / Günter Scharwath		
	St. Martin zu Kölln	10,- DM	

in Vorbereitung

thema 10: Wilhelm Best
Die Fürstenlogen von Saarbrücken

---

thema: Monographien zur Kunst- und Kulturgeschichte der Saarregion
kann auch direkt beim Verlag abonniert werden:
Edition Europa, Gersheimer Straße 35-37, Fax (06843) 5022
D-66453 Gersheim